# MANIFESTAÇÕES E PROTESTOS NO BRASIL
## correntes e contracorrentes na atualidade

*Questões da Nossa Época*
# Volume 59

---

Dados Internacionais de Catalogação na Publicação (CIP)
(Câmara Brasileira do Livro, SP, Brasil)

---

Gohn, Maria da Glória
  Manifestações e protestos no Brasil : correntes e contracorrentes na atualidade / Maria da Glória Gohn. — São Paulo : Cortez, 2017. — (Coleção questões da nossa época ; v. 59)

  Bibliografia
  ISBN: 978-85-249-2527-6

  1. Ação direta 2. Comunicação de massa - Aspectos sociais 3. Movimentos de protesto - Brasil 4. Movimentos sociais 5. Movimentos sociais - Brasil - Aspectos políticos I. Título II. Série.

17-04014                                                    CDD-303.484

---

Índices para catálogo sistemático:
1. Brasil : Movimentos de protesto : Sociologia    303.484

Maria da Glória Gohn

# MANIFESTAÇÕES E PROTESTOS NO BRASIL
## correntes e contracorrentes na atualidade

MANIFESTAÇÕES E PROTESTOS NO BRASIL: correntes e contracorrentes na atualidade
Maria da Glória Gohn

*Capa*: aeroestúdio
*Preparação de originais*: Ana Paula Luccisano
*Revisão*: Maria de Lourdes de Almeida
*Composição*: Linea Editora Ltda.
*Coordenação editorial*: Danilo A. Q. Morales

Nenhuma parte desta obra pode ser reproduzida ou duplicada sem autorização expressa da autora e do editor.

© 2017 by Maria da Glória Gohn

Direitos para esta edição
CORTEZ EDITORA
Rua Monte Alegre, 1074 – Perdizes
05014-001 – São Paulo – SP
Tel.: +55 11 3864 011 ; 3611 9616
E-mail: cortez@cortezeditora.com.br
www.cortezeditora.com.br

Impresso no Brasil — maio de 2017

# Sumário

Apresentação ............................................................. 7

Introdução ................................................................. 13
   A. Quadro Referencial Teórico ............................... 13
   B. A Identidade dos Sujeitos Coletivos nas Ruas .... 19

**PRIMEIRA PARTE**
Manifestações e Protestos

I — Os Novíssimos Sujeitos Coletivos nas Ruas —
2013-2016 ................................................................. 31

II — Manifestações e Protestos nas Ruas — 2013-2016 .... 50

## SEGUNDA PARTE
Lutas e Movimentos pela Educação

I — Preliminares: Lutas e Movimentos pela Educação na História do Brasil .................... 85

II — Ocupação de Escolas — Escolas Públicas de Ensino Médio e Técnicas .................... 92

III — Escola sem Partido: Manifestações de Repúdio ao Projeto .................... 104

Conclusões .................... 109

Referências .................... 117

# Apresentação

Este livro aborda momentos relevantes na conjuntura brasileira, de 2013 a 2016, no que se refere às grandes manifestações e aos protestos nas ruas. Ele se divide em duas partes. A primeira analisa as manifestações de junho de 2013 ao final de 2016. A segunda focaliza, no campo da educação, as ocupações de escolas da rede pública contra reorganizações administrativas, os atos de protesto contra a reforma curricular do ensino médio e a luta contra o Projeto Escola sem Partido.

O livro focaliza, nas manifestações, a identidade dos principais grupos participantes (movimentos e coletivos) e o repertório de suas demandas. Objetiva-se mapear as diferenças e semelhanças entre os movimentos sociais até então existentes, contextualizando-os na conjuntura da crise política e econômica vigente. A cultura política construída é o eixo transversal que buscamos nos diferentes momentos das manifestações, nos movimentos e coletivos em ação.

Três questões motivadoras nos levam à investigação aqui apresentada. Primeira: por que os movimentos sociais que se articularam às políticas e aos processos participativos de controle social incentivados pelo Estado, na década de 2010, não foram os protagonistas principais nos atos de protesto em 2013? Segunda: quem são e que novidades trazem os "novíssimos" movimentos ou coletivos criados recentemente que organizaram e convocaram a população via mídias sociais para grandes manifestações a partir de 2013? Como eles se diferenciam do conjunto dos movimentos sociais já existentes? Terceira: como atuaram esses movimentos sociais até então existentes, aqui denominados clássicos (os de luta pela terra, trabalho, moradia etc.), e os "novos" movimentos sociais criados a partir do final dos anos 1970 (movimentos ambientalistas, de gênero, questões raciais, povos indígenas etc.) no novo cenário? Que sentido os três grupos (clássicos, novos e novíssimos) deram às suas práticas e como ressignificaram seus discursos para construírem narrativas sobre o momento político e econômico brasileiro? Quais as matrizes discursivas desses movimentos e de onde se originaram? Certamente, são questões amplas que envolvem investigar nas redes de ativismo que construíram as manifestações quais são os sujeitos na cena pública, suas formas de organização, os repertórios de ação social e política, as estratégias de mobilização, suas demandas etc. Investiga-se também como influenciam e são influenciados por outros atores e agentes do cenário público, qual o papel de diferentes tipos de mídias que utilizam e que deram cobertura aos eventos, quais as inovações que foram criadas nas formas de protesto etc. A conjuntura política e econômica do país, assim como a sociocultural, no período, é utilizada para contextualizar os acontecimentos. Ela é pano de fundo, o cenário onde ocorrem as manifestações e o fio condutor da narrativa sobre os fatos. A análise de aspectos da subjetividade e intersubjetividade de grupos e pessoas será acionada também no desenrolar do texto. Esse conjunto de investigações possibilitará ao leitor fazer um balanço mais amplo sobre os impactos e os resultados das manifestações no período selecionado, na sociedade e nas políticas públicas.

O método comparativo é utilizado para seleção e análise dos dados, porque ele nos permite agrupar sequências de fatos e eventos segundo o tempo, espaço/território e atores envolvidos, e interpretá-los no contexto do processo sociopolítico em curso. A comparação possibilita-nos construir uma linha transversal na história. Nossa comparação é mais temporal — especialmente em relação a datas, ênfases e transformações dos sujeitos e suas narrativas ao longo dos anos selecionados (2013-2016) — do que espacial, pois as diferenças entre as manifestações nos territórios brasileiros onde ocorreram não serão abordadas neste momento, pelo fato de a cidade de São Paulo ser o lócus principal da nossa fonte de dados. No entanto, inúmeras vezes, outras capitais serão citadas ao longo do texto, já que os movimentos e organizações analisados têm atuação nacional.

O livro apresenta uma longa Introdução. Inicia-se com uma caracterização sobre as categorias teóricas utilizadas para análise de manifestações e protestos (multidão, cultura política, identidade política, indignação, movimento social) no item A. O item B explicita a identidade dos sujeitos em cena iniciando com as categorias empíricas construídas, as quais subdividem os movimentos em três modelos: clássicos, novos e novíssimos. Os *clássicos* abarcam os sindicatos, os sem-terra, estudantes, movimentos populares/comunitários de bairros, os sem-teto etc. Os novos abrangem os movimentos de luta por direitos, identidades etc. criados a partir do final da década de 1970 (gênero, geracionais, étnicos, ambientalistas etc.). E os *novíssimos*, destaque deste livro, abrangem movimentos da atualidade, a maioria criados ou "firmados" na cena pública na década de 2010, a exemplo do Movimento Passe Livre (MPL) e do Movimento dos Secundaristas, de um lado; e, de outro, o Vem Pra Rua (VPR) e o Movimento Brasil Livre (MBL), criados em 2014.

Demarcam-se as diferenças entre as correntes políticas, ideológicas e culturais que eles representam.

A primeira parte do livro é composta por dois capítulos. O Capítulo I focaliza os principais sujeitos sociopolíticos que organizaram e coordenaram as megamanifestações de protestos entre 2013-2016, destacando três dos novíssimos para análise: o MPL, VPR e o MBL. O histórico desses "novíssimos" movimentos sociais em cena foi selecionado para pesquisa pelo fato de eles serem as novidades na cena pública. O MPL, nos protestos de 2013, recolocou questões da ética na política em pauta e negou a política partidária, ou seja, a forma como ela é praticada no país, mas não se definiu como apolítico. Os manifestantes plantaram e difundiram a semente da não política como um valor associado à ideia de ética, e uma nova cultura política formou-se a partir desse valor. Em curto prazo essas transformações geraram novos enunciados e outras correntes político-ideológicas surgiram, como o VPR e o MBL, introduzindo novidades na *performance* dos protestos, com outros focos e alvos em suas ações, trabalhando o repertório da não política, focalizando a luta contra a corrupção.

O Capítulo II aborda as principais manifestações promovidas desde de junho de 2013 até o final de 2016. São focalizadas tanto as megamanifestações convocadas pelos "novíssimos" movimentos (MPL, VPR, MBL etc.) como os atos mais focalizados organizados pelos "novos" movimentos, assim como pelos movimentos "clássicos", já citados. Destacam-se as divergências e as semelhanças nos atos de protesto ocorridos entre 2013-2016 buscando traçar uma linha histórica transversal que nos explique, nos diferentes tipos de manifestações, a identidade de grupos, movimentos e coletivos participantes, seus repertórios de demandas, articulações sociopolíticas e a cultura política que foi sendo construída. Que novidades essas manifestações trouxeram, como se diferenciaram, como interagiram e como dialogaram com movimentos sociais e coletivos já existentes? Qual o papel das instituições jurídicas no país na construção dos repertórios das manifestações? Qual foi o legado das manifestações como um todo para a sociedade e para a cena política são questões relevantes tratadas. Conclui-se que a partir de 2013 ocorre um novo ciclo de lutas e protestos políticos no Brasil, subdividido em três momentos distintos.

A segunda parte do livro focaliza lutas e protestos no campo da educação formal, escolar, na atualidade. Ela é composta de três capítulos que tratam dos assuntos: **Lutas e Movimentos pela Educação na História do Brasil, ocupações das escolas públicas de ensino médio e técnicas,** e manifestações de repúdio e resistência ao Projeto Escola sem Partido. Observa-se que essas ações ocorreram paralelamente às manifestações. A novidade localiza-se no setor da área da educação onde acontecem — na educação básica, especialmente no ensino médio da rede pública, e não somente entre estudantes e profissionais do ensino superior, bastante usuais no Brasil desde a década de 1960. As ocupações de escolas, protestos e passeatas representam um campo de renovação do movimento dos estudantes e dos jovens em geral, entre 2015-2016. Assim como muitos coletivos de junho de 2013 e o próprio MPL: autonomia, horizontalidade e redes de solidariedade direta são seus princípios, numa trama de redes de sociabilidade que tem na contracultura e no anarcossocialismo suas matrizes discursivas. Aparentemente separadas das megamanifestações, demonstra-se que as atuais lutas pela educação têm ligações tanto com os jovens "românticos" de 2013 (vínculos de apoio direto), como há conexões entre propostas de alguns dos "novíssimos" movimentos, como o Projeto de Lei da

Escola sem Partido, que mobilizou debates e polêmicas que extrapolaram a área educacional criando correntes e contracorrentes a respeito.

Nas conclusões deste livro, assinala-se que as manifestações e os protestos, ao focalizarem a política, determinados políticos e gestores públicos e a má qualidade do serviço público, revelaram diferentes modelos de movimentos sociais na atualidade, com identidades, propostas e perfis político-ideológicos distintos, formando um leque diversificado de correntes e contracorrentes. A multidão que saiu às ruas estava motivada por forças do protesto e da indignação. Mas essa saída não foi espontânea. Há grupos e organizações que atuam como instrumentos de articulação, os quais têm por trás normas, princípios, ideologias que constroem novas culturas políticas. Lançar luz sobre este cenário é uma das metas deste livro.

# Introdução

## A. Quadro Referencial Teórico

Para entender as manifestações de ruas, no Brasil atual, temos como hipótese que uma parte significativa delas são "novíssimas" formas de movimentos sociais. Por isso é interessante retomarmos o debate do final dos anos 1970 e início dos anos 1980 sobre a diferença entre o **novo** e as novidades, tal como em Ribeiro e Machado (1985), quando elaboraram um texto que se tornou referência: "Paradigma e movimento social. Por onde vão nossas ideias". Alertavam para o erro de denominar novo o que seria uma mera novidade, sem raízes estruturantes que indicassem transformações. Com esses supostos, construímos a seguinte interpretação sobre "o novo": é uma construção histórica advinda da práxis (pensar e agir), decorrente da ação dos diferentes sujeitos sociopolíticos — quer sejam ativistas, militantes, simpatizantes, lideranças ou grupos de elites ou governantes. O novo nasce do velho, a partir de estruturas que se transformam e se decompõem num processo dialético. Portanto, o novo não resulta de um processo estrutural, mecânico, algo posto de fora para dentro, algo que nunca tinha existido. O novo se instaura na realidade a partir da ação humana, construída por diferentes sujeitos, e gera narrativas que buscam dar sentido e direção a essas ações. Esses sujeitos, usualmente coletivos, disputam e ressignificam interpretações existentes sobre as questões em tela, ressignificando, portanto, com isso a cultura política vigente, criando novos discursos, novas práticas, novas representações e imaginários sobre o fato sociopolítico, econômico ou cultural em questão. Registre-se ainda que o novo não é, em princípio, dotado de virtualidades que o qualifique como bom, progressista, um avanço no campo das relações sociais, uma conquista de novos direitos etc. O novo poderá ser também uma volta a valores passados, um retrocesso em relação às conquistas sociais, um retorno ao conservadorismo, a formas autoritárias, entre outros. É o desenrolar dos fatos, as disputas, as lutas, na cena político-social, econômico e cultural que o qualificam. O novo é datado. Por isso neste capítulo usamos as categorias clássicos, novos e novíssimos para nomear sujeitos sociopolíticos distintos.

O novo não é, portanto, uma categoria analítica, uma ferramenta dada *a priori* para uso dos pesquisadores, ele é uma construção histórica. O investigador deve coletar e sistematizar dados e, ao analisá-los, destacar os achados que são "novidades", reinserindo-os na conjuntura estrutural econômica e político-social para interpretá-los, verificar se são realmente "novos" ou simplesmente uma novidade — uma moda passageira.

Também é importante algumas categorias de análise serem qualificadas para compreendermos como identificamos os sujeitos que foram às ruas protestar. Elas são: povo, massa, multidão, sociedade, indignação, cultura política, movimento social e coletivos. **Povo** é uma categoria histórica, presente em alguns clássicos como Jules Michelet

(1988), e foi bastante utilizada por analistas dos movimentos sociais no Brasil do final dos anos 1970 e ao longo da década de 1980. Naquela época, era uma categoria criticada por analistas mais ortodoxos porque remetia ao populismo, assim como era entendida como algo indiferenciado do ponto de vista da composição social — não definia quem naquele momento era o sujeito da ação. O povo englobava as camadas médias da população, classes trabalhadoras industriais e as então chamadas camadas populares da periferia da cidade — que eram as que mais se organizavam e protestavam. Historicamente, sabe-se também que o uso do termo povo tem uma identidade política, por fazer parte de uma nação ou de um grupo social determinado (Weffort, 1978). Os novos atores em cena nas décadas de 1970 e parte de 1980, presentes nos movimentos sociais de base popular, utilizavam e defendiam esta categoria: povo. O refrão "o povo unido jamais será vencido" é emblemático desse período, e o povo a que se referiam era aquele pobre das áreas periféricas, desassistidas de condições mínimas de sobrevivência no meio urbano. **Massa** também é uma categoria antiga, remete a análises de tradicionalistas como Le Bon (1985) no final do século XIX. Depois foi retomada no século XX de forma completamente diferente, pela teoria crítica nos estudos de Adorno e Horkheimer (2002) sobre a sociedade de consumo de massa, a cultura de massa e a indústria cultural. Na mesma linha de crítica ao consumo de massa, encontramos o uso do termo em Canetti (1984), Morin (1997), assim como em Guattari (1990). A ideia de sociedade de massa sempre remete a grupos sem nenhuma autodefinição, grupos cooptados, que acompanham ou se incorporam a eventos e acontecimentos sem nada entender, o que de fato acontece. A categoria **multidão** já citada desde o século XVIII por Edmund Burke, que a rejeitava como tola e volúvel, ressurge na era contemporânea. Entre outros, Negri e Hardt (2005) adotaram-na para referir-se a múltiplas identidades em ação. O sujeito social integrante de uma multidão é diferente, múltiplo (tem várias identidades) e ativo, agindo segundo as singularidades do grupo no qual participa e se identifica. Ela se aproxima da nossa concepção de manifestação porque são coletivos sociais, ajuntamentos, em função de dado evento, fato, conjuntural. "*Je suis Charlie*", por exemplo, levou milhares de franceses às ruas de Paris em 2015, assim como no dia 15 de março do mesmo ano no Brasil. Martins (2015) também adota a categoria multidão para explicar as manifestações de março de 2015, recolocando a questão do sujeito da ação. Diz o autor:

> A multidão é a multidão, identidade temporária e provisória que esgota sua significação e sua função na fração de tempo em que se manifesta nas ruas e no modo como se expressa. É um sujeito que se dissolve no fim da festa. Pela frequência e pelas peculiaridades de suas demandas, vai ficando claro que a multidão é novo sujeito da sociedade brasileira. Novo sujeito do processo político em conflito com os velhos sujeitos, os da política como ação de estereótipos, os do cidadão aprisionado na camisa de força de conceitos rígidos forjados ainda na cultura da luta de classes. Mas multidão não é classe nem é raça. A multidão desconstrói o regime político dualista das facções antagônicas.

Cumpre destacar também que a ampliação das manifestações sociais de protesto nas ruas para outras camadas sociais — especialmente as camadas médias da sociedade — levou a certa legitimação do que passou a ser denominado na mídia "voz das ruas" ou "vozes da sociedade". **Sociedade** — categoria cara ao campo das Ciências Sociais, particularmente à Sociologia — alça nas manifestações o *status* de uma categoria do senso comum, aquela que se refere ao que as ruas estão clamando.

A **indignação** contra os atos de corrupção esteve no centro das manifestações no Brasil a partir de 2013. Ela é uma categoria central nos protestos, combina raiva com valores morais. Por isso, não só a análise estrutural ou conjuntural nos auxilia no estudo dos protestos, mas sobretudo a análise da cultura, relativa à construção da subjetividade e intersubjetividade dos indivíduos e grupos, para entender seus pontos de vista, suas interpretações dos fatos e os significados culturais que criam ou atribuem à realidade, seus princípios morais. A categoria da indignação exige que se observem as emoções e as comoções que levam milhares de pessoas a se mobilizarem, a sair de suas zonas de conforto, de suas práticas habituais ou dadas rotinas, e aderirem a causas coletivas, como ir a uma manifestação (Hessel, 2011; Moore, 1987; Castells, 2013; Jasper, 2016). A estimulação de processos subjetivos e a construção de emoções coletivas, por parte dos articuladores de grupos, coletivos ou movimentos, relacionam-se tanto ao campo das lutas emancipatórias, por novas formas de direitos e vida social, como às estratégias de mobilização e processos de controle social, atuando sobre a capacidade das pessoas de sentir, ter emoções, desejos, percepções e criação de representações coletivas. As diferenças passam pelas correntes e contracorrentes político-culturais que os articuladores expressam ou representam na cena pública. A consciência de injustiça pode ser gerada quando há percepção da violação de códigos morais (Moore, 1987). O gerenciamento dos processos que resultam na indignação advém, portanto, de gerenciamentos na cultura de um grupo, território, temática. Disso resulta a cultura política ou as culturas políticas existentes em dado momento histórico.

A categoria **cultura política** foi abordada pelos clássicos associada à questão dos regimes políticos, tais como em Montesquieu, Rousseau, Tocqueville e Weber. Este último, quando tratou dos sistemas patrimonialistas, tradicionais, modernos etc. Nos anos 1960, Almond e Verba (1989, p. 12) criaram o termo, com foco no campo da ciência política, referenciando as "orientações especificamente políticas, as atitudes com respeito ao sistema político, suas diversas partes e o papel dos cidadãos na vida pública". Nos anos 1990, Verba redefine o termo e a cultura política passa a ser vista como "o conjunto de orientações subjetivas de determinada população" (1990, p. 144 apud Rennó, 1998). Desde os anos 1960, criou-se uma corrente adepta da concepção de Almond e Verba para classificar pessoas, atitudes eleitorais etc., assim como surgiram outras concepções para tratar a questão do "perfil político" dos cidadãos como eleitores, a partir da crítica ao conceito de Verba, a exemplo de Moisés (1995), Baquero (1994) e outros. Inglehart (1998), Berstein (1998), Eder (1992) e Putnam (1996) são autores contemporâneos que também desenvolveram e ampliaram o conceito. No Brasil, após a queda do regime militar nos anos 1980, o conceito esteve em cena nos debates sobre a redemocratização. O que veremos a partir de 2013 será um grande processo de organização da população, via redes sociais, para participarem das manifestações. E, nelas, explodir sentimentos de cidadania ao protestar contra a corrupção ou na luta contra a perda de direitos (anos 2015-2016, nas manifestações das "Frentes", como veremos adiante). Eder (1992: ) aborda a possibilidade de coexistência de duas culturas políticas. Para ele, a cultura política é "o efeito de lutas sociais contínuas, no nível do sistema político definida pelo fato de que existem diversas formas de lidar com o político". [..] Tais formas conduzem à convivência entre diferentes culturas políticas que disputam a articulação do sistema político (Eder, 1992, p. 97 e 100). Entre 2013-2016, o que observamos foi a construção e a confrontação de várias culturas políticas, com repertórios, narrativas, visões e formas de criar representações sobre a coisa pública, tanto entre os movimentos tradicionais, os novos e os novíssimos. Nestes últimos, dois grandes blocos dos "novíssimos" com correntes políticas cultural e ideológica, campos de ação, repertórios e práticas distintas se destacam: o MPL, em 2013; e o VPR e o MBL, em 2015-2016.

## B. A Identidade dos Sujeitos Coletivos nas Ruas

Quando se fala de movimentos sociais e de identidades, logo vem à mente a teoria dos novos movimentos sociais, focada no eixo das identidades culturais de Alberto Melucci, Alan Touraine, Claus Offe e outros. A teoria das identidades (atribuídas ou adquiridas) destaca aspectos da cultura advindos de diferentes tipos de pertencimentos, tais como: a um dado território, grupo étnico, religião, faixa etária, comunidade, grupo de interesses etc. Os vínculos criados e as ações desenvolvidas são frutos de processos de reflexividade — os sujeitos participantes constroem sentidos e significados para suas ações a partir do agir coletivo. Segundo Jasper (2016), os significados expressam-se de várias formas: máximas e provérbios, piadas, hinos, *slogans*, enquadramentos, identidades coletivas, personagens, narrativas, fatos, regras e leis, ideologias; assim como formas artísticas (visuais, grafites, música, *performances* do corpo humano etc.).

No Brasil, os chamados **novos movimentos sociais** da segunda metade do século XX tinham na identidade cultural seu eixo articulatório central. Quando surgiram, no final da década de 1970 e 1980, eles se organizaram ao redor de questões de gênero, etnia, culturais, ambientalistas etc. (ainda que lutas como dos negros e dos indígenas sejam seculares, mas a organização em movimentos identitários era nova) ou como movimentos populares de demandas sociais urbanas (moradia, creches, transportes, saúde, lazer etc.), e foram também denominados como "novos", em contraponto aos tradicionais (sindicatos, partidos, movimentos rurais etc.). Os novos movimentos sociais buscavam se firmar pela identidade que construíam — ser mulher, ser negro, ser jovem, ser índio, ser morador da periferia etc. É interessante relembrar que esses novos movimentos sociais, na década de 1980, buscavam se diferenciar daqueles que se organizavam de forma tradicional, no meio rural ou no urbano, especialmente os de partidos políticos, sindicatos, movimentos rurais e organizações oficiais dos estudantes, a exemplo da UNE. Os novos eram organizados de maneira diferente, longe das estruturas rígidas dos movimentos operários ou sindicais — copiadas de partidos hierarquizados, com concepções e estruturas organizacionais centralizadas, focalizadas em líderes ou lideranças. Denominamos neste texto esses movimentos como **clássicos** não somente porque são mais antigos, mas também porque são parte da trajetória de construção da classe trabalhadora, herdeiros das lutas por melhores condições de vida e trabalho, assim como herdeiros de lutas dos estudantes do ensino superior pela educação. A maioria deles ainda tem as mesmas estruturas e formas de agir do século XX. Certamente, eles também utilizam, na atualidade, redes, diferentes mídias e o uso intenso a Internet, mas o ambiente virtual é apenas uma ferramenta de apoio e não um vetor ou veículo básico de comunicação, adesão e interação. As relações sociais são mais homogêneas, verticalizadas; as articulações e comunicações são mais dirigidas, fechadas, entre pares. Internamente, organizam-se via departamentos ou setores (jovens, mulheres ou temáticas problemas), mas dentro de uma linha programática com cultura organizacional e política definidas em seus congressos, encontros etc., diferenciando-se internamente por correntes. Agregam-se em identidades fixas, poucos se reinventaram, realizaram mínimas transformações no modo centralizado de operar seus repertórios e se relacionar com suas bases. Desenvolvem formas de solidariedade interna.

Até junho de 2013, no Brasil, os protestos nas ruas mais frequentes eram de movimentos clássicos ou dos até então "novos" movimentos populares organizados pela luta à terra, moradia etc. A partir de 2013 este cenário se altera com os **novíssimos** sujeitos em cena, focalizados com maior destaque neste livro porque são a novidade que coordenaram a organização das grandes manifestações de protesto entre 2013-2016. Mas eles não são homogêneos, ao contrário, não só são heterogêneos como também representam diferentes correntes e contracorrentes do mundo da política e da cultura.

Os **novos** criados a partir do final dos anos 1970, na atualidade, mantêm o perfil de movimentos de luta pela identidade cultural. Mas esses movimentos alteraram as práticas cotidianas, as relações diretas/face a face/reuniões, assembleias etc.; deixaram de predominar, articularam-se em redes, junto com ONGs (Organizações não Governamentais), e passaram a atuar focalizando muito nos processos participativos institucionalizados, criados após a Constituição de 1988, e em programas e projetos de parceria criados pelas administrações públicas. Em certos casos, o associativismo construído no processo, tecido a partir de vínculos e laços de pertencimento, passou a ser substituído pela agregação a novas políticas sociais, a exemplo de alguns movimentos dos afrodescendentes. A identidade cultural persiste, mas dentro de uma nova cultura política — a da inclusão às políticas sociais. Portanto, observa-se que os novos movimentos sociais têm diferentes ciclos históricos de protesto, utilizando a categoria de Tilly (2010): um situado na fase do confronto, até o final do século XX, e outro, neste século, na fase de litígios, dentro de processos de inclusão. No caso dos movimentos indígenas, essa inclusão é profundamente contraditória porque muitos deles atuam como movimentos antissistêmicos, resistindo regionalmente às políticas de desterritorialização de seus povos, as quais objetivam dar suporte à extração de minérios ou à geração de energia, alavancas para a produção de *commodities*. Várias políticas federais contrariam os interesses dos povos indígenas, a exemplo da região de Belo Monte e de outras hidrelétricas em construção. Articular-se em redes de mobilização para defender direitos e seus territórios é a única saída para construir resistências às investidas das políticas de controle e regulação das ações dos indígenas.

Neste cenário, conclui-se que as diferenças entre os movimentos sociais novos (identitários/culturais) e os clássicos passam pelas práticas organizacionais que geram cultura política (mais democrática ou mais centralizadora), mas isso não os impedem de selar alianças e apoios recíprocos na luta pela defesa de direitos, como observaremos adiante na construção de "Frentes".

Na atualidade, a construção da identidade dos **novíssimos** movimentos e grupos é algo complicado porque eles são diversificados em termos de referências, que são múltiplas, cruzando faixa etária (ser jovem), gostos, pertencimentos a grupos na mídia social, adesão à luta de alguma "causa", conjunto de valores, ideologias motivadoras etc. A forma movimento deixou não só de ser hegemônica como também aglutinadora das identidades. Muitos jovens, por exemplo, se organizam em **coletivos**, mas não querem se organizar em movimentos sociais. Qual a grande diferença? Esses jovens veem os movimentos como formas engessadas, tradicionais, estruturas centralizadoras. Os coletivos, ao contrário, são vistos como agrupamentos fluidos, fragmentados, horizontais, e muitos têm a autonomia e a horizontalidade como valores e princípios básicos. Coletivos autodenominam-se como **ativistas**, e não militantes de causas, vivem experiências e experimentações que podem ser tópicas ou mais permanentes; fragmentadas ou mais articuladas.

Um coletivo poderá desenvolver práticas contestatórias ou não, dependendo de seu perfil e das estruturas relacionais existentes entre os jovens. Os jovens contestam e renovam práticas e valores estabelecidos por meio de sua cultura. Aderem mais aos coletivos do que aos movimentos sociais por identificarem nestes formas e métodos de ação que repudiam. Criam novas dinâmicas da ação coletiva, mas discursiva, estratégica e de confronto de ideias e valores (Snow e Benford, 2000). Há grande influência de ideários anarquistas e libertários entre os coletivos, especialmente no campo da cultura. Um coletivo pode se transformar em movimento social, ou autodenominar-se movimento, ou articular-se a um conjunto de outros coletivos que configuram um movimento social. Ou, ainda, negar a forma movimento social por considerá-la presa aos modelos tradicionais de fazer política.

O **movimento social** é algo mais estruturado, tem opositores, identidades mais coesas, determinados projetos de sociedade ou de resolução aos problemas sociais que demanda. Movimentos têm liderança, bases e assessorias. Um movimento social é fruto de uma construção social e não algo dado *a priori*, fruto apenas de contradições (ver Castells, 1998 e 2013, e Melucci, 1996). Os membros participantes de um movimento social são militantes de uma causa, são algo mais que ativistas casuais porque não foram convocados on-line, *ad hoc*. Eles têm laços de pertencimento e identidade com um grupo, repertórios de demandas e práticas de organização. Segundo Tilly (2010, p.136), eles são

> [...] a síntese de três elementos: a realização de campanhas a partir de demandas coletivas, o emprego de um repertório específico de formas de ação política e a representação pública de símbolos de unidade, quantidade, compromisso e valor.

Os movimentos podem ser estudados tanto do ponto de vista interno (perfil dos militantes, estratégias de recrutamento e de enfrentamento com o Estado, tendências ideológicas, conflitos internos), como externo (relações com a sociedade, Estado/governo, grupos civis e religiosos, sindicatos, ONGs etc.). O ideal é combinar os dois pontos.

As novas tecnologias, especialmente a **Internet** e o uso dos aparelhos móveis, são na atualidade geradoras de grande potencial de mobilização da sociedade civil, criam novas formas de sociabilidade longe das estruturas estatais institucionalizadas. Elas propiciam aos indivíduos o acesso à informação, antes monopólio de grupos e instituições ou acessível apenas a poucos. Mas a seleção, a focalização e a decodificação dessa informação são feitas não apenas pelos indivíduos isolados — há uma pluralidade de atores e agentes disputando a interpretação e o significado dos fatos e dados. É aqui que entram os coletivos ou os novíssimos movimentos sociais com grande poder de formação da opinião pública. Eles não apenas decodificam como também codificam os problemas e conflitos a partir de temáticas em torno das quais eles se articulam e criam narrativas a respeito. Por isso os novíssimos movimentos sociais criados na era da Internet são, de um lado, plurais, mais autônomos, mais horizontais porque nascem de redes de grupos ou coletivos. Mas, de outro lado, a própria rede atua como uma organização-suporte por ser a rede de interação e compartilhamento de crenças e valores. Atua, portanto, como filtro que agrega ou separa correntes de contracorrentes. As redes sociais virtuais, digitais, são a forma básica de constituição e atuação da maioria dos coletivos. São recursos e fatores estratégicos porque seu poder vai além da mobilização. Impactam o caráter da ação coletiva desenvolvida. Transformam-se em ações conectivas. O ambiente virtual propiciado pela Internet ocupa lugar central no caráter dessas ações conectivas no que diz respeito à infraestrutura de recursos para formar pautas, consensos, mobilizar a população, fazer convocações, divulgar resultados de atos, agendas futuras etc. Os manifestantes, ao participarem, deixam registros — nos *blogs*, fotos etc. — que ajudam a criar uma memória e a construção de um imaginário sobre o tema em tela, criam códigos linguísticos, que estabelecem uma gramática, e símbolos que passam a ser compartilhados.

Segundo Castells (2013), o ambiente de comunicação afeta diretamente a construção e o significado das mensagens, portanto afeta também a produção de relações de poder na sociedade. Ao possibilitar a participação de múltiplos protagonistas de maneira instantânea, desenvolvem-se processos de intersubjetividade e constroem-se processos discursivos que poderão gerar novos repertórios, novos direitos, novas propostas de processos que poderão vir a ser assumidos, no plano da sociedade civil e política, como novas pautas para institucionalização, para a criação de normas comuns válidas para todos. Este é um dos aspectos do caráter educativo que sempre destacamos nas ações coletivas e nos movimentos sociais. Neste sentido, eles são parte da democracia, complementam o arcabouço político-institucional e podem aperfeiçoar, e não ameaçar, a democracia ou o sistema político existente. Entretanto, não se pode ser ingênuo e achar que o processo anterior é algo bom *a priori* porque tem virtualidades. Ao contrário, deve-se observar também nas possibilidades que as mídias sociais interativas estão criando o espaço de apropriação da opinião pública para a formação de consensos, por grupos de diferentes natureza e objetivos, e as consequências políticas disso, conforme observaremos no caso das manifestações no Brasil. Assange ilustra isso:

> É a percepção do que é a vontade da maioria que define se algo é politicamente possível. [...] Com a possibilidade de todos falarem na internet de uma maneira ou de outra, um antídoto pra isso é criar os tais "fake demos" [...]. É isso que, desde mais ou menos 2011, vêm fazendo estados e partidos políticos. É um novo jeito de fabricar consensos. Estamos familiarizados com a situação antiga, com os oligarcas da mídia, mas quando se tem mídias sociais se tem uma nova maneira de criar consensos, que é a criação de uma aparência de vontade democrática (apud Morais, 2017).

No Brasil, as novíssimas formas de protestos nas ruas têm sido nominadas pela mídia como "manifestações". São designações importantes porque remetem à identidade do movimento, o nome que as manifestações adotam ou ganham pelo mundo. Jornadas, atos, onda, protesto de massa, mobilizações, revoltas, acontecimentos etc. são alcunhas usadas segundo o ponto de vista do autor do texto, o pesquisador ou o jornalista. Entretanto, o termo "manifestações" ficou como um marco de referência na memória do país. Em junho de 2013, as manifestações foram de protesto com repertório completamente diferente de demandas e denúncias dos movimentos clássicos (operários, sindicais, agrários); ou dos movimentos emancipatórios, de luta por direitos e contra regimes ditatoriais, especialmente na América Latina nos anos 1970 e parte de 1980, apoiados por alas do cristianismo então tido como renovado, a Teologia da Libertação etc. Diferente também dos "novos" movimentos sociais citados anteriormente. Veremos adiante que a partir de 2014 ocorrerão manifestações também de "defesa e resistência" ao *impeachment*, clamando em defesa da democracia, dos direitos etc., lideradas pelos movimentos clássicos e "novos".

Inúmeros integrantes das manifestações não se identificavam com movimentos sociais, usualmente se autodenominam pertencentes a coletivos. Não têm liderança, mas todos são líderes. Autoproduzem imagens com discursos sem referência a tempos do passado, como se não tivessem outras memórias incorporadas além de si próprios. São grupos diferenciados internamente; são fragmentados. A referência é o presente e a permanência é circunstancial. São similares aos *instants mobs,* eventos combinados nas redes sociais para promover uma ação específica no tempo e no espaço, impactar um coletivo e se dissolver. Não visam ter continuidade, só o prazer momentâneo atendendo a apelos nas redes sociais. São ações coletivas no campo da micropolítica e, por isso, os quadros analíticos clássicos têm dificuldade de apreendê-las. Um dos desafios teóricos é pensar sobre as possibilidades de construção de identidades coletivas entre esses novíssimos movimentos e as possíveis formas de antagonismo que são geradas, a exemplo das transformações ocorridas nas manifestações de ruas no Brasil entre 2013-2016. Identidades coletivas são construídas no processo, especialmente pelos antagonismos que geram.

Um breve histórico e a caracterização básica dos principais novíssimos movimentos serão tratados a seguir, fornecendo elementos empíricos para melhor compreensão da narrativa dos fatos e acontecimentos nas manifestações de 2013 a 2016, a ser tratados no Capítulo II da primeira parte.

# PRIMEIRA PARTE

Manifestações e Protestos

# I

# Os Novíssimos Sujeitos Coletivos nas Ruas — 2013-2016

Visando construir uma linha transversal que nos explique os diferentes tipos de manifestações ocorridas entre 2013-2016, selecionamos três dos principais movimentos que articularam as megamanifestações nas ruas no período assinalado, buscando caracterizar a identidade dos movimentos e coletivos participantes, seus repertórios de demandas, articulações sociopolíticas e a cultura política que eles construíram. Os movimentos escolhidos foram novidades no cenário político e demarcam dois tipos/modelos de atuação dentro dos "novíssimos". Eles são: o MPL (Movimento Passe Livre) e o VPR (Vem Pra Rua) e o MBL (Movimento Brasil Livre).

## Movimento Passe Livre (MPL)

Ele foi oficialmente criado em 2005 em Porto Alegre, durante o FSM (Fórum Social Mundial), mas tem suas origens nas manifestações de protestos de estudantes do ensino médio que ocorreram em Salvador em 2003 (conhecida por Revolta do Buzu), em Florianópolis em 2004 (Revolta da Catraca) e no ativismo do CMI (Centro de Mídia Independente). Portanto, não foi um movimento criado em 2013. Segundo *site* do próprio MPL, ele se define como: "um movimento horizontal, autônomo, independente e apartidário, mas não antipartidário" (Disponível em: < www.vemprarua. net>. Acesso em: 10 jan. 2017). Tem um foco específico: a mobilidade urbana que abrange um olhar ampliado, em longo prazo, a dimensão utópica da desmercantilização dos transportes públicos coletivos, tornando-os gratuitos. Dessa forma, o agir político do MPL firmou-se com um objetivo imediato e outro de longo prazo. A novidade foi a cultura política que isso gerou, em que se observam estratégias de luta com grande visibilidade (as manifestações), o uso dos recursos de futuro para a área central de sua atuação — a mobilidade urbana. Com isso, ele entrou em cena nas ruas (contra aumento dos bilhetes) e saiu, estrategicamente, após 20 de junho de 2013, quando as manifestações atingiram seu objetivo principal em várias capitais.

Há inúmeras novidades criadas ou recuperadas pelo MPL que contribuíram para a cultura política criada, tais como: a *performance* das manifestações — sem carro de som, mas com música —, usando sons produzidos no ato como um ator do processo, advindos de expressão cultural, como a fanfarras (com inúmeros instrumentos, em que teve o apoio do MAL — Movimento Autônomo Libertário); não ter líderes declarados falando em nome do movimento (ainda que alguns tenham sido alçados ao *status* de "celebridade" pela mídia corporativa/comercial, ao entrevistá-los nas ruas, e mesmo em um programa Roda Viva da TV Cultura/SP). As decisões eram construídas via consenso, com votação só em última hipótese, o que não lhes permite que sejam cunhados como assembleístas (já que sempre há "teses" propostas, defesa, contrários, votação etc.). A busca do consenso leva sempre a processos de aprendizagens — aprender com a própria experiência. Outra novidade é a cor das roupas/camisetas: branca e preta com o desenho de uma catraca. Essas inovações diferenciadoras levam o movimento à defesa da horizontalidade dos seus membros, sem um comando central, sem ênfase particular nos militantes, sem assinatura individual nos comunicados e manifestos que distribuíam, sem, enfim, louvar ou reforçar o culto à personalidade de um líder. Isso tudo tem matrizes e fundamentos na corrente dos autonomistas, no anarquismo, nos libertários, no movimento Zapatista dos anos de 1990 e na insatisfação com a esquerda tradicional (ver Locatelli, 2013).

Em síntese, ao se apresentar como um movimento autônomo, horizontal etc., o MPL não aceita a questão da representatividade existente entre a maioria dos movimentos sociais, clássicos ou os "novos" movimentos. A esse respeito, Piolli, Pereira e Mesko (2016, p. 25) assinalam:

> O princípio da horizontalidade, segundo o qual deve se evitar que indivíduos e grupos possam criar relações verticalizadas de poder, pelas quais líderes possam dirigir o movimento implica, também, em uma crítica da representatividade. A assimetria de poder dos polos base e liderança é análoga à assimetria de poder entre representado e representantes. Por isso, ao invés de se fazer representar por líderes e políticos profissionais, a tradução em termos táticos dos princípios da autonomia é a ação direta.

O MPL sempre teve um grande número de ativistas estudantes do ensino superior, especialmente das universidades públicas, no caso paulista. A idade média deles, segundo escassas pesquisas sobre 2013, era de 16 a 29 anos. Por isso, podemos vê-lo também no campo das lutas pela educação, pautando o transporte público urbano como fundamental no dia a dia do estudante universitário.

Embora no seu conjunto as manifestações de junho tenham tido maioria de composição das camadas médias (pesquisas Ibope, Datafolha etc.), o MPL não deve ser visto como um movimento de camadas médias porque tem um diferencial: um trabalho de base em regiões periféricas. Em 2011, por exemplo, quando ele se reorganizou e atuou na elaboração de lei de iniciativa popular para implantar tarifa zero em São Paulo, levou sua pauta para discussão em escolas públicas da periferia.

Principal ator de junho de 2013, o MPL retornou à cena em janeiro de 2015 com sua bandeira principal — ser contra o aumento das tarifas dos transportes (em São Paulo, Rio de Janeiro e Belo Horizonte). Em São Paulo, os protestos ocorreram nos mesmos locais — avenida Paulista, com marcha até centro-sede da Prefeitura, e no Largo da Batata, em Pinheiros. Segundo dados publicados na imprensa, participaram de 5 a 30 mil pessoas (depende de quem contabilizava os atos). Na ocasião, o governo (municipal e estadual) de São Paulo se antecipou e elaborou propostas de gratuidade para algumas categorias de estudantes. Em fevereiro de 2015 o MPL realizou novos atos, descentralizados, em regiões da periferia de São Paulo, tais como Pirituba, Campo Limpo e São Miguel Paulista. Ganhou manchetes nos jornais, rádio e TV. A violência voltou à cena, com vitrines e bancos depredados pelos Black Blocs. Novamente as forças policiais agiram com truculência demonstrando que nada mudou após um ano e meio, desde junho de 2013.

Nas manifestações de março de 2015 (a serem tratadas adiante), o MPL não teve protagonismo com visibilidade, não levou suas bandeiras às ruas. Em 11 de março de 2015, fez uma chamada para uma "Aula Pública" a ser realizada no dia 19 de março, em frente à Prefeitura Municipal. Supõe-se que não estava preparando-se para as manifestações diferenciadas que ocorreram nos dias 13 e 15 de março em inúmeras cidades brasileiras. O MPL teve também participação no Fórum Social Mundial de Túnis (março de 2015), por meio de uma representante. Em 2015, o MPL sofreu várias divisões internas e perdeu alguns ativistas importantes. Entretanto, vários desses ativistas continuam a luta segundo os princípios da autonomia, como se observa no depoimento de Piolli, Pereira e Mesko (2016, p. 26):

> Muitos integrantes do MPL que deixaram o movimento se engajaram no coletivo autonomista Mal-Educado, grupo formado por secundaristas que exerceu um papel importante em ocupações de escolas que se tornaram referências entre as escolas ocupadas, dentre elas, a Fernão Dias, situada no bairro paulistano Pinheiros. Foi iniciativa de membros do Mal-Educado a tradução do panfleto "Como ocupar um colégio?", utilizado nas ocupações dos estudantes chilenos e que teve grande circulação entre estudantes paulistas.

Em janeiro de 2016 o MPL retorna às ruas, especialmente em São Paulo, com vários atos e protestos. Eles foram reprimidos pela polícia e não tiveram a adesão da população. A conjuntura político-econômica era outra e as atenções da sociedade voltavam-se para a questão do *impeachment* da presidente da República. Em 2016 o MPL não teve mais o protagonismo de 2013, aquele que deixou lembranças românticas e utópicas, mas demarcou outro espaço de atuação — junto aos estudantes do ensino médio que ocuparam escolas públicas no estado de São Paulo. Foi coadjuvante como outros grupos organizados e não protagonistas centrais, como em 2013.

## Vem Pra Rua (VPR) — Breve Histórico e Matrizes Discursivas

Em seu *site*, o Vem Pra Rua define-se da seguinte forma:

Com valores democráticos e republicanos, espontâneo e suprapartidário [...]. Somos a favor da democracia, da ética na política e de um Estado eficiente e desinchado. Somos contra qualquer tipo de violência e condenamos qualquer tipo de extremismo (separatismo, intervenção militar, golpe de Estado) e não compactuamos com governos autoritários. [...]. Nossa bandeira é a democracia, a ética na política e um Estado eficiente e desinchado.[1]

O VPR foi criado em outubro de 2014 tendo como principais líderes Rogério Chequer e Colin Butterfield. Chequer é o porta-voz principal do VPR; formado em engenharia, apresenta *curriculum* com 18 anos de atuação no mercado financeiro, sendo 15 anos nos Estados Unidos. Voltou para o Brasil em 2012, é empresário e sócio da Soap, empresa de consultoria de comunicação especializada em apresentações corporativas. Colin Butterfield também é engenheiro com trajetória em bancos de investimentos. Conheceu Chequer em 2014 e, na época, era executivo de uma grande empresa. Segundo o jornal *El País*, esta empresa seria a Cosan, um dos maiores conglomerados empresariais do Brasil (ver Jiménez, 2015).

Ao final de 2016, Chequer e Butterfield publicam o livro *Vem Pra Rua: a história do movimento popular que mobilizou o Brasil*. Nele é relatado, em linguagem coloquial, dividida em tópicos/capítulos em que se alternam os dois autores,

---

1. Disponível em: <vemprarua.net>. Acesso em: 10 jan. 2017.

a trajetória do Vem Pra Rua, desde a concepção em janeiro de 2014 até alguns desdobramentos do *impeachment* da ex-presidente Dilma Rousseff em 2016. Trata-se de uma fonte de dados narrada passo a passo pelos próprios sujeitos que planejaram e coordenaram as ações, que vai além da sequência dos fatos. A parte final dedica-se a apresentar a estrutura organizacional do movimento, forma de gestão (baseada em critérios de governança corporativa empresarial), *slogan* e autores inspiradores das formas de agir e pensar, além de regras e normas que foram sendo construídas para ter o controle de suas "bases" — os voluntários que se agregam ao movimento.

O livro de Chequer e Butterfield constrói narrativas que destacam versões dos fatos. Eles levam em conta a situação em que estão agindo para que possam transformar vários contextos em vantagem para eles. Temos como ponto de partida, ao utilizá-lo neste momento, que assim como todo o material advindo da mídia, deve-se observar que cada um tem seus valores, perfil e afiliação político-ideológica a uma dada posição e projeto de sociedade. O livro dos idealizadores do VPR também deve ser olhado por este viés, pois é carregado de mensagens, visões e valores próprios que devem ser analisados, contextualizados. O suposto metodológico é: devemos seguir o processo da construção do social, as maneiras com que as próprias pessoas constroem o mundo.

A narrativa de suas propostas e ações não pode ser tomada como "verdade", mas analisada à luz dos fundamentos e matrizes que os impulsionam, e as "novidades" devem ser destacadas no cenário do processo político social em curso.

O repertório de demandas do VPR foi sendo construído paulatinamente, indo da indignação à necessidade de controle social (2016), sempre com fundamento em matrizes discursivas liberais modernas em que a gestão empresarial e a governança corporativa são modelos a seguir, em toda organização social, mesmo que de voluntários. No início, a categoria central focalizada foi a da indignação — herdeira das manifestações de junho de 2013. Na narrativa de Chequer, a indignação era contra a política econômica do Brasil, havendo a necessidade de mudar seu rumo, e a corrupção o grande mal a ser combatido. Desde o início das ações do grupo que viria a criar o VPR, estava posta a necessidade de haver alternância do poder central. Nesta fase de pré-criação oficial, a articulação se dava em São Paulo e várias alternativas de ação foram pensadas e postas em ação, como fazer um vídeo, mobilizar os jovens de uma faculdade particular, realizar um protesto no Parque do Ibirapuera/Monumento das Bandeiras etc. O movimento também teve vários nomes nesta fase: "Basta", "Desafio Basta", assim como criou *slogan*s para os atos como "Deixa que Eu Empurro".

Em outubro de 2014, o grupo articulador do VPR decide focalizar a ação nas redes sociais como o melhor canal de divulgação de protestos nas ruas, e o Facebook e o WhatsApp como os espaços on-line para divulgar os atos e motivar as pessoas a irem às manifestações. A *expertise* de Chequer na organização de apresentações é usada para criar chamadas que empolgassem as pessoas, trabalhando mais no plano da cultura, as emoções, os sentimentos. O movimento decide marcar um panelaço no dia 16 de outubro no Largo da Batata, em Pinheiros (lócus de grandes manifestações em 2013). O nome oficial, Vem Pra Rua, nasce no processo de planejamento deste ato, que teve, segundo relato de Butterfield, 90 mil pessoas convidadas e 6 mil confirmaram a presença. A polícia deslocou 100 policiais para o ato e, de fato, compareceram cerca de 300 pessoas. Ocorreram inúmeros problemas, tais como atraso na entrega das faixas do protesto e falta de microfone, resolvida pelos organizadores com o tradicional jogral, tática de repetição usada pelos trabalhadores ingleses, no início do processo de industrialização, quando eram proibidos protestos e não havia meios sonoros ainda. O baixo número de participantes não foi problema, aliás ajudou-o a se tornar manchete de notícias. Com poucas pessoas no local do protesto, o VPR juntou-se a uma outra passeata/carreata, do PSDB, que ocorria na região. Com isso, o grupo sela uma imagem pública que terá dificuldade de se desvencilhar e que contradiz um de seus princípios: o suprapartidarismo. Ressalte-se que, dentre os valores que o VPR apresenta, está o suprapartidário e não apartidário. Afirma que seus membros não devem estar dentro das estruturas de poder, mas estimulam a participação política dos cidadãos e a carreira política de seus membros, desde que se desvinculem do movimento. Incentivam a criação de estruturas de controle social da população sobre políticos e governantes. Neste sentido, vão contra a tendência da maioria dos cidadãos na atualidade, que é a negação da política, por considerá-la um campo "sujo", com muitos corruptos e mentirosos (prometem, mas não fazem, ou fazem ao contrário). Mas o VPR, ao se apresentar como paladinos de combate à corrupção, aos maus políticos etc., ganha a simpatia e a confiança de grande parte da população.

Ainda em 2014, o VPR organizou mais duas manifestações no período eleitoral (22 e 25 de outubro). Neste curtíssimo espaço de tempo o movimento cresce, expande-se no âmbito nacional com o registro de cerca de 200 cidades que passam a usar o "método e foco" do VPR nas manifestações, e um público de cerca de 25 mil pessoas no dia 22 de outubro em São Paulo. Os protestos de outubro e o conjunto de acontecimentos políticos daquele mês eleitoral projetaram o VPN até na imprensa internacional.

Com a vitória de Dilma nas urnas no segundo turno de 2014, o foco inicial do VPR de "alternância de poder" ruiu e, como de outras vezes que a coisa não dava certo, o grupo se recolheu para estruturar novas ideias e ações. O movimento se reestrutura novamente. Deixa de lado um pouco o voluntariado e cria estruturas de "governança", palavra-chave no âmbito da administração. Com isso, o movimento ganha organização interna, com divisão de funções, regras, mas passou também a ser criticado por adeptos voluntários que não concordavam com as normas. Começou a realizar ações pontuais que gerassem impacto na mídia nacional — considerada o indicador de sucesso ou não das ações. Realizou manifestação em 15 de novembro (quando se articula com o MBL pela primeira vez), e em 4 de dezembro de 2014 participa de atos convocados por outros grupos em São Paulo, entre eles o "Revoltados On-line", e promoveu outros atos em várias capitais (como o "Faxinaço da Petrobras"). Neste momento, a luta contra a corrupção firma-se como uma demanda central no repertório do grupo.

Em 2015, após a posse de Dilma, o VPR pauta a discussão interna sobre a ideologia do grupo e o sistema político ideal, tamanho e função do Estado, concluindo que teriam de perseguir

> [...] a eficiência do mercado, mas, de alguma forma, cuidar das parcelas mais pobres da população para que tivessem a mesma oportunidade que nós tivemos e que nossos filhos têm. Seguimos com essa ideologia até hoje (Chequer e Butterfield, 2016, p. 85).

Ao assumirem estes pressupostos ideológicos, pela primeira vez os líderes do movimento lançam um olhar sobre "as pessoas que nasceram sem recursos e sem oportunidades" (termos deles), ainda que de forma assistencialista e tradicional.

Deve-se destacar no relato que Chequer e Butterfield nos apresenta, desde o início, alguns pontos que definem seus valores, visão de mundo e cultura política. Além do termo indignação, ordem moral, cidadania, civismo, senso de comunidade e consciência do outro são outros termos nacionalistas muito utilizados. O nacionalismo é expresso também na estética, nas roupas verde-amarelas, no uso da bandeira, hino nacional etc. A sentença "alegria cívica" é utilizada para retratar a expressão dos rostos das pessoas nas manifestações.

É interessante observar que para o VPR os Estados Unidos são tidos como exemplo, onde civismo e senso de comunidade existem como valores da sociedade, e no Brasil seus líderes afirmam não existir estes sentimentos. Parecem ignorar as lutas dos brasileiros, nas décadas de 1970-1980, para reconstituir a cidadania em termos democráticos e o senso de comunidade que moveu as camadas populares, nas mesmas décadas, em busca de seus direitos. O termo "direitos" é utilizado no texto como forma de autodefesa, expressa de um lado ressentimentos, queixas sobre uma incompreensão de suas escolhas e papel que o VPR desempenha na sociedade e, de outro, busca desconstruir nominações que recebe na mídia de ser um movimento de empresários, executivos, elite branca etc. Chequer e Butterfield (2016, p. 62) argumentam:

> Do nosso ponto de vista [...] estávamos usando a voz que tínhamos na sociedade e nos expondo pessoalmente em nome de um Brasil melhor para todos — e gostaríamos de ter os mesmos direitos para fazer isso que qualquer outro cidadão.

No rastro do clima político criado por junho de 2013, em que se observou uma crise de representatividade de grandes parcelas da população, especialmente dos jovens, e a denúncia sobre os políticos de que "eles não nos representam", o VPR articulará seu discurso em torno destes eixos para reforçar seu foco: mudança das lideranças políticas. Na realidade, após 2015 fica explícito — mudança do governo federal, o PT (Partido dos Trabalhadores).

Entre janeiro e fevereiro de 2015, o VPR adota a tática do panelaço na porta de moradia de autoridades ou de seus locais de trabalho. A grande imprensa passou a cobrir todos os atos. No início de março de 2015, adere à manifestação marcada para o dia 15, sem ter claro quem a convocou. O relato do livro de Chequer e Butterfield leva-nos a concluir que eles aprenderam a importância das mobilizações e manifestações nas ruas para mudar situações como aprenderam no processo como "fazer acontecer", há momentos que elas devem ser acionadas, há prioridade às ruas; em outros momentos não. Trata-se de uma visão estratégica. As ruas são mobilizadas em função do desenrolar dos acontecimentos. A multidão nas ruas é a grande moeda de valor para um movimento que não nasceu de bases organizadas, mas que foi organizando suas bases em termos de representantes regionais, locais, difundindo seus métodos e elaborou um manifesto, que passou a ser lido em todas as manifestações, a partir de 15 março de 2015. Nessa data, como se sabe, a multidão retornou às ruas ocorrendo a maior manifestação até então ocorrida no Brasil, com grande repercussão na mídia nacional e internacional, na sociedade e no governo federal (voltaremos a tratar desse dia quando da análise das manifestações). Importa destacar o protagonismo que o Vem Pra Rua passou a ter a partir dessa data e a sofisticação que passará a ter no uso das novas tecnologias. Líderes do movimento tiveram grande espaço nos veículos de comunicação e várias entrevistas foram realizadas (inclusive uma com Chequer no centro do Programa Roda Viva, da TV Cultura/SP).

A utilização dos recursos on-line como meio de estímulo à participação da população e organização dos eventos esteve presente desde o início no VPR, mas as modalidades, ferramentas para o uso e escolha dos melhores recursos foram sendo construídas progressivamente, em etapas de aprendizagem nas quais houve ensaios e erros, adesão de personagens-chave no uso das ferramentas, parcerias com outros grupos para ampliar as listas de divulgação/transmissão, uso de listas de *smartphones* de forma piramidal. Estruturaram-se equipes — uma cuidava da divulgação criando as listas (por exemplo, de clubes e associações de classe) e a outra da produção do material a ser divulgado (*banners*, chamadas para os eventos etc.). A aprendizagem sobre como construir/organizar uma manifestação usou como fonte de inspiração até o próprio governo federal quando, em 2011, um grupo de apoiadores do governo criou o MAV (Militância em Ambientes Virtuais). Os militantes atuam como robôs com diversos objetivos: fazer propaganda, criticar a mídia, convocar para eventos etc. Esta tática resulta na multiplicação de ações on-line, em efeito piramidal, um comenta o outro etc. Trata-se do uso da técnica de criar "fakes" para atuar em redes sociais. Como resultado de suas frentes de ação on-line, em março de 2016 o VPR chega a 28 milhões de usuários que visitaram ou transitaram por suas páginas.

As emoções e os sentimentos de indignação de indivíduos e coletivos foram captados pelo VPR que os usou para convocar a população, por exemplo, em março de 2016 com o seguinte *slogan*: "Chega de "brigar" com a TV. Da poltrona se assiste. Na arena se luta!". Ou seja, frases diretas e claras e não grandes discursos, ou palavras de ordem já conhecidas como ideário de grupos tradicionais.

O sucesso da manifestação de 13 de março de 2016 leva o VPR a focar em outra frente — a parlamentar —, atuando nos bastidores da Câmara Federal, com atuação direta, criando grupos de pressão sobre os parlamentares que iriam votar o pedido de *impeachment* e sofisticando sua intervenção on-line. Desenvolveu o Mapa do *Impeachment* com as intenções de voto dos deputados. Bastante eficaz, tinha dados e informações de cada parlamentar, suas bases eleitorais, pronunciamentos públicos etc. que ficavam armazenados em um *site*, continuamente atualizado. O VPR assim caracteriza o Mapa: "O Mapa do *Impeachment* foi um grande passo do movimento para fomentar o exercício da cidadania além das ruas" (Chequer e Butterfield, 2016, p. 163). Observe-se que o termo "cidadania" é destacado como síntese de todo o processo, capitaneado por ele, VPR. O Mapa do *Impeachment* deu origem a outro ato, o "Muro da Vergonha", manifestação nas ruas com um telão ou *banner* com os nomes dos deputados e suas posições, até então, no processo a ser votado. O resultado da votação do pedido de *impeachment* na Câmara, ocorrido em 17 de abril, também levou milhares de pessoas às ruas e o VPR coordenou atos em várias capitais para acompanhar a votação.

O VPR realizou entre 2014-2016 dois encontros nacionais com seus líderes e conselheiros. A estrutura do movimento tem um organograma e em 2016 era formatada em três níveis: o Conselho, composto de sete líderes — são eles que tomam as decisões, decidem o foco das manifestações, quem entra ou sai do núcleo duro etc. O núcleo duro é composto de líderes que já demonstraram trabalho ao grupo e que assinaram um termo de comprometimento que versa sobre engajamento, sigilo e confidencialidade sobre o que é tratado no grupo (ver Chequer e Butterfield, 2016, p. 252); e os líderes de trabalho, gestores das 16 divisões de trabalho existentes. O sistema de gestão é adaptado dos métodos empresariais da governança corporativa, considerando-se que se trata de trabalho voluntário e não pago, como em uma empresa. As regras para permanecer no grupo são rígidas. Resulta deste modelo de participação que ele se aproxima mais de uma organização movimentalista do que de um movimento social propriamente dito. Há lideranças, demandas, repertórios de práticas, valores, ideologia (liberais) etc. Tudo isso caracteriza uma identidade autocentrada, configurada no plano de princípios, valores, forma de engajamento, fidelidade aos líderes, a partir de um núcleo central.

Ao longo de sua atuação, o VPR delineou também tarefas ou missões que deveriam ser desenvolvidas no Brasil para superar seus problemas, tais como conscientizar a população. Essa tarefa é composta de duas frentes: a educação suprapartidária nas escolas (voltaremos a este ponto na segunda parte deste livro) e a conscientização política e atuação cívica. Podem-se observar, como fonte de inspiração para essas frentes, os modelos de participação social liberais propostos nas teorias norte-americanas dos anos 1950-1960, sobre participação social e comunitária.

A imprensa brasileira publicou várias reportagens e entrevistas sobre o Vem Pra Rua. Um ponto em comum, citado até no Wikipédia, é: "O movimento é criticado de forma recorrente pela falta de clareza quanto a forma de financiamento, quem são os doadores, e os valores de doações".[2]

## Movimento Brasil Livre (MBL)

Também foi criado em novembro 2014, com sede em São Paulo e adeptos no Rio Grande do Sul; posteriormente se espalha pelo Brasil. Com bandeiras do liberalismo, seu posicionamento inicial tinha como repertórios ser "contra a bandalheira" e "contra tudo que está aí". Em pouco tempo,

---

2. Disponível em: < https://pt.wikipedia.org/wiki/Movimento_Vem_pra_Rua >. Acesso em: 13 jan. 2017.

trocou esses *slogans* pelo "Fora PT". Sua sigla foi criada para confundir e capturar o lastro de sucesso do MPL (Movimento Passe Livre), movimento distinto. Entretanto, existem algumas relações entre certos grupos que se manifestaram em junho de 2013 e o MBL, especialmente o grupo Estudantes pela Liberdade (EPL), considerado por alguns pesquisadores como uma das "incubadoras" do MBL (Klausen, 2017). O EPL é uma organização estudantil internacional que se dedica sobretudo a cursos para formação política de jovens (Amaral, apud Jinkings, Doria e Cleto, 2016). Fundado em 2008 nos Estados Unidos, o EPL é apoiado por redes de fundações de grupos empresariais a exemplo do Atlas Network, de perfil neoliberal moderno. O destaque do EPL é que seu perfil ideológico une o liberal a proposições consideradas dos libertários, ou seja, apoia propostas liberais para o papel do mercado e atuação do Estado na economia, com privatizações, Estado mínimo e fim do financiamento de políticas públicas distributivas, mas também defende posições consideradas avançadas em relação aos liberais clássicos ou aos conservadores tradicionalistas, como em temas ligados à moral e aos costumes, a exemplo de suas posições em questões de gênero, aborto etc. O EPL chega ao Brasil em 2012 e participa das manifestações de junho. Kim Kataguiri, futuro líder fundador do MBL a partir de 2014, será o articulador do EPL nas ruas.

    O perfil político do MBL situa-se no campo contraditório de ideias que misturam o liberal e o neoconservadorismo. Liberal porque defende o livre mercado e é antiestatista no que diz respeito à forma como interpreta o papel do Estado na sociedade e na economia. O Estado é visto como problema quando regula ou intervém no mercado. A corrupção não é vista pelo MBL como um problema endêmico do capitalismo, mas como um efeito colateral da intervenção do

Estado nas empresas (privadas e estatais). Difere, portanto, do MPL (Movimento Passe Livre), localizado no campo autonomista e no espectro do socialismo, que considera o Estado e o mercado como forças de opressão e desigualdade. É neoconservador por ser contra vários direitos sociais e culturais modernos.

O MBL também elaborou um manual em que se podem observar vários autores e suas matrizes teóricas e ideológicas que dão suporte às suas ideias, dentre elas o liberalismo e a doutrina econômica de Hayek e Ludwig von Mises (bastante citado também em cartazes colocados nos caminhões de som do MBL na avenida Paulista, nos quais se lia "Menos Marx, Mais Mises"), assim como a defesa do império da lei de Frédéric Bastiat e citações no campo da ciência política de Burke e Ortega y Gasset. Sabe-se que Burke é considerado pai do pensamento político conservador, desde o século XVIII, pela sua rejeição aos ideais e aos direitos abstratos dos revolucionários franceses; ele não depositava nenhuma esperança no poder da multidão nas ruas. Mas esse pensador tinha uma filosofia política que preconizava o fortalecimento dos partidos políticos como agentes centrais da vida política. O MBL não nega a forma partido, ao contrário, lançou candidatos de seu grupo de líderes para concorrer a cargos eleitorais, via vários partidos. Ortega y Gasset é um dos clássicos na análise das ações coletivas, do ponto de vista conservador, a exemplo de seu livro *A rebelião das massas*. Para analistas de correntes da esquerda, no Brasil, o MBL é um grupo da direita, conservador e reacionário. O exame de seu material discursivo e de suas práticas aponta-nos que é conservador; mas difere de reacionários como os Revoltados On-line, que preconizam a volta do regime militar e se aproximam das correntes anarquistas liberais pós-anos 1960, a pós-contracultura que surgiu a partir de 1968. Alguns autores os denominam anarcocapitalistas ou "direita pós-moderna" (ver Codato, 2015). Por exemplo, não são contra o casamento *gay*, a descriminalização das drogas etc., mas são defensores do livre mercado, antiestatistas e neoliberais.

Composto predominantemente por jovens, o MBL organizou-se como uma *startup* e seus líderes principais, Kim Kataguiri e Fernando Holiday, sempre são tratados pelos adeptos do movimento como *pops stars*. Na realidade, o movimento assemelha-se mais a um grupo de pressão, pois não se trata de um movimento social estruturado com bases organizadas.

Em seu *site*, o MBL se define como um movimento liberal e republicano e cita cinco objetivos: "imprensa livre e independente, liberdade econômica, separação de poderes, eleições livres e idôneas e fim de subsídios diretos e indiretos para ditaduras".[3] Assim como o Vem Pra Rua, o MBL promove a venda de produtos em seu *site*. Os principais são o Pixuleco (boneco do ex-presidente Lula) e uma caneca com a foto do juiz Sérgio Moro.

O MBL atua na política brasileira de forma explícita, ao contrário do Vem Pra Rua, que atua mais na política via bastidores. Nas eleições para vereadores em 2016, o MBL lançou vários candidatos e elegeu oito no estado de São Paulo, inclusive um de seus líderes, Fernando Holiday, negro e *gay*. Contrário aos movimentos negro e LGBT (Lésbicas, *Gays*, Bissexuais, Travestis, Transexuais e Transgêneros), com apenas 20 anos elegeu-se vereador em São Paulo pelo Partido DEM (Democratas) (ver Gragnani, 2017).

Em novembro de 2015, o MBL realizou seu Primeiro Congresso Nacional e elaborou um documento: "Propostas

---

3. Disponível em: <https://web.facebook.com/mblivre>. Acesso em: 18 jan. 2017.

de Políticas Públicas do MBL". Esse documento apresenta propostas de cunho liberal em todas as áreas da gestão pública e consta, na área da educação, a apresentação do Projeto de Lei Escola sem Partido em legislativos estaduais e municipais, o que de fato veio a ocorrer em 2016, causando rejeição e inúmeros protestos no Brasil, até ser decretada sua inconstitucionalidade. Em novembro de 2016 o MBL, realiza seu Segundo Congresso Nacional, em São Paulo, com cerca de 400 representantes de 22 estados e 172 cidades onde estava organizado. A relação do MBL com a educação não se resume ao apoio ao projeto Escola sem Partido. Ele participou de atos contra a ocupação das escolas em 2016, sob o argumento de que os estudantes eram "doutrinados" e "manipulados" pela UNE (União Nacional dos Estudantes) e pela Ubes (União Brasileira de Estudantes Secundaristas).

II

# Manifestações e Protestos nas Ruas — 2013-2016

As manifestações entre 2013-2016 fazem parte de um novo ciclo de lutas e protestos políticos no Brasil. Elas são divididas em três momentos, segundo o caráter e as novidades presentes em cada um deles. Alonso (2016) também divide os protestos no Brasil de 2013 a 2016 em três grupos, só que ela os denomina ciclos. Preferimos usar a categoria ciclo de protesto para o conjunto todo das manifestações a partir de 2013. Um ciclo é definido por Tarrow (1994, p. 153) como

> [...] fase de conflitos e disputas intensificadas nos sistemas sociais incluindo: uma rápida difusão da ação coletiva dos setores mais mobilizados para os menos mobilizados, um passo estimulante de inovações nas formas de disputa, novos "frames" de ações coletivas (ou retransformados), a combinação de formas de participação organizadas e não organizadas, e sequências de interações intensificadas entre os desafiadores (militantes dos movimentos) e as autoridades que resultam em reformas.

As inovações no interior do ciclo de protesto de 2013 a 2016 denominamos como "momentos".

## 1º Momento das Manifestações e Protestos: Novíssimos Atores em Cena em Junho de 2013

Estima-se que mais de um milhão de pessoas saíram às ruas no Brasil, ao longo do mês de junho de 2013, em manifestações que tinham como foco inicial serem contra o aumento das tarifas dos transportes coletivos e, depois, ampliaram o repertório de demandas para outras áreas do serviço público, como educação, saúde e segurança pública etc., e para denúncias de malfeitos nos gastos e usos do dinheiro público etc. Nos cartazes vistos nas manifestações, observa-se que havia indignação sobre várias coisas e temas, da denúncia da precariedade dos serviços públicos ao baixo padrão da prática política (Gohn, 2015a). Houve grande protagonismo de jovens, organizados em coletivos que convocavam on-line os atos públicos, realizados sem bandeiras partidárias ou camisetas e carros de som de sindicatos. O MPL, anteriormente caracterizado, teve atuação decisiva na ativação/convocação dos atos de protesto nas ruas. Concordamos com Singer (2013, p. 24-6) que dividiu as manifestações de junho em três fases, as quais duraram cerca de uma semana cada uma.

> A primeira com forte destaque em São Paulo, entre os dias 6-13 de junho. Na segunda, 17, quando o MPL chama a quarta jornada, que juntou em São Paulo 75 mil pessoas, ela é replicada nas maiores capitais do país de maneira espontânea [...] Na terceira e última etapa, que vai do dia 21 até o final do mês, o movimento se fragmenta em mobilizações parciais com objetivos específicos (redução de pedágios, derrubada da PEC 37, protesto contra o Programa Mais Médicos, etc.).

Em São Paulo, em junho de 2013, participaram das manifestações, junto com o MPL, integrantes de partidos de esquerda PSOL (Partido Socialismo e Liberdade), PSTU (Partido Socialista dos Trabalhadores Unificado), PCO (Partido da Causa Operária) e alguns militantes do PT (Partido dos Trabalhadores). Todas as bandeiras partidárias foram rejeitadas nas manifestações, gerando inclusive tumultos entre os que insistiram em desfraldá-las. Grupos anarquistas (Black Block — a ser retomado a seguir —, Anonymous, Kaos) estiveram presentes, com máscaras ou não. Teve-se também a presença de alguns *punks*. Em alguns estados, onde o MPL não estava organizado, sindicatos e outros movimentos sociais tradicionais colaboraram para que as manifestações acontecessem, porém sem aparecerem como tal e sim como um conjunto em protesto. Não se destacavam líderes, mas apenas uma organização informal nos atos para cuidar da logística-trajeto, alvos-foco, datas, horários. Portanto, conclui-se que os grupos participantes em 2013 podem ser aglutinados em dois blocos: os autonomistas e os socialistas utópicos, estes últimos classificados por outros analistas como à esquerda política.

Várias manifestações ocorreram paralelamente aos protestos de junho de 2013, tais como Marcha das Vadias; Marcha da Maconha; greves; ocupações em universidades; mobilizações de populações atingidas pelas obras da Copa do Mundo; Marcha da Família com Deus; Paradas Livres/ *Gays*; atos contra a PEC 47; entre outras. Mas todos esses eventos não atraíram a atenção ou a adesão da multidão, como nas manifestações convocadas pelo MPL (Movimento Passe Livre). As marchas eram parte de calendários já previstos, de movimentos ou grupos já conhecidos nas últimas duas décadas.

A multidão nas ruas em junho de 2013 surpreendeu o governo e muitos analistas, porque o governo federal tinha elaborado inúmeros programas e projetos de inclusão social de grupos em situação de vulnerabilidade socioeconômica, como o Bolsa Família, políticas de aumento do salário mínimo, realizou inúmeras conferências nacionais temáticas em áreas do serviço público que resultaram em novas políticas sociais. Um grande sistema de participação institucionalizado havia sido instituído com conselhos, câmaras, fóruns, conferências nacionais etc., com representantes do governo e da sociedade civil. Entre 2011 a 2013, ocorreram cerca de 45 debates com organizações da sociedade e órgãos do governo federal. Um projeto de lei sobre a participação social estava em debates (Decreto n. 8.243). Mas alguns pontos básicos não estavam até então bem focalizados nessas políticas, tais como os jovens (de qualquer classe social) — o Estatuto da Juventude não havia ainda sido aprovado —, assim como a participação social on-line, com uso das novas tecnologias (com exceção de alguns programas e políticas públicas como o Orçamento Participativo em alguns setores). Neste cenário, o governo federal não entendeu a linguagem e o repertório dos protestos de junho, pois operava no plano apenas da política de articulações, e não percebeu o novo no caráter cultural. Tem razão Bucci (2016, p. 18) quando afirma:

> [...] junho de 2013 rompeu as fronteiras da política (ou da linguagem meramente política) para configurar um acontecimento que se impôs no campo da cultura, com potencial de transformar a cultura política.

A grande revolução operada na forma de comunicação entre os indivíduos, com o desenvolvimento e consumo das novas tecnologias, especialmente a Internet e o uso dos aparelhos móveis, geradores de grande potencial de mobilização da sociedade civil, criou novas formas de sociabilidade na sociedade civil, longe das estruturas estatais institucionalizadas. O campo das comunicações da mídia corporativa comercial, especialmente a televisiva, teve papel estimulador das manifestações, pautando datas, local, horários etc., assim como os recursos precários da mídia alternativa de alguns setores dos manifestantes, como a contraditória Mídia Ninja — coletivo fundado em 2013 em parceria com outro coletivo, o Circuito Fora do Eixo. Essa mídia atuava como protagonista e narradora de protestos e enfrentamentos com as forças policiais. A Mídia Ninja foi também realimentadora da grande mídia pelo fato de existirem imagens que só eles tinham.

Não se pode dizer que junho de 2013 tenha tido manifestações completamente anárquicas, porque havia um foco central, contra o aumento das tarifas, que se ampliou, tanto nas demandas como no tipo de personagem que ia para as ruas. Mas temos de reconhecer que vários dos núcleos ou coletivos que organizaram as manifestações viam as redes sociais, se inspiraram mais nos ideais de autonomistas, anarquistas, libertários, socialistas utópicos etc. do que os da esquerda tradicional. É interessante resgatar alguns dos princípios do anarquismo do século XIX, na figura de Proudhon e Kropotkin, por exemplo, para observar as similaridades com ideias e ideais da autonomia nos jovens manifestantes. A ideia de anarquia surge a partir do desejo de liberdade, igualdade, justiça e independência de um governo que não é governo. A reorganização de sociedade deveria ocorrer através de associações livres de contato. As mudanças econômicas deveriam ter primazia em relação às políticas. As Sociedades de Ajuda Mútua seriam os principais meios de realizar a mudança social sem violência, dado seu caráter. Seu objetivo deveria ser a ação e a cooperação econômica e não associação para a propaganda política. O sistema que caracterizaria essa nova sociedade foi denominado por Proudhon de mutualista.

Além do mutualismo, outras correntes do anarquismo que adotam a violência como forma de ação também estiveram presentes nas manifestações de junho de 2013, a exemplo dos Black Blocs. Sabe-se que o anarquismo e o socialismo libertário têm várias correntes. E não são só os anarquistas clássicos, há também os libertários e autonomistas de maio de 1968, assim como vários intelectuais que, a partir da década de 1960, foram fonte de inspiração aos jovens libertários, tais como Cornelius Castoriadis e Daniel Cohn-Bendit, Herbert Marcuse, Guy Debord e a Internacional Situacionista, bem expressa em *A sociedade do espetáculo* (1967). Também Michel Foucault, Giorgio Agamben, Antonio Negri, Noam Chomsky e Slavoj Žižek dão subsídios para entender as multidões nas ruas e seus anseios de liberdade no século XXI.

Não se pode falar de junho de 2013 no Brasil sem citar a questão da violência e o papel dos agentes das forças policiais e os Black Blocs. Quando multidões saíram às ruas, convocadas on-line, principalmente pelo MPL — que tinha como princípios a horizontalidade e a não explicitação de lideranças —, não havia mediadores entre os manifestantes e os poderes constituídos, não existiam interlocutores. Nesta conjuntura, nos momentos de tensão, a polícia teve amplo protagonismo, ocupando o vazio da falta de mediação com o uso da violência contra os manifestantes.

Quanto aos **Black Blocs**, já retratamos seu perfil (Gohn, 2014a), lembrando apenas que para algumas alas dos manifestantes eles são uma tática, não um movimento, repudiam as formas da democracia representativa, adotam a ação direta como tática de luta. E, para eles, a ação direta inclui a violência. Trata-se de uma violência performática — há *performances* previstas: quebrar vidraças, janelas e portas de vidros de bancos e estabelecimentos comerciais de multinacionais, ou lojas de carros. O capital, o poder e o luxo são os focos, os alvos. A *performance* mistura elementos interativos, comunicativos e simbólicos de forma a configurar algo além de atos de desobediência civil, há uma recusa à ordem estabelecida, há contestação política e questionamento do sistema vigente. Existe uma identidade coletiva dialógica que focaliza no ato violento a realização da ação. Os repertórios argumentativos e simbólicos presentes nas raras falas de manifestantes "mascarados" que se pronunciaram na imprensa demonstram que eles buscam ressignificar a violência como um ato dentre outros desenvolvidos pelo sistema capitalista opressor. Ela é resposta e ataque, ocorre segundo contextos históricos locais. Eles não se consideram vândalos.

Em resumo, os Black Blocs se apresentaram em junho de 2013 como uma tática de protesto com uma estética peculiar, que ia das roupas pretas, rostos semicobertos, gestos, a práticas e *performances* desenvolvidas. A comunicação e a interatividade do grupo são on-line, assim como a adesão aos protestos. Pouco se sabe sobre as formas de organização ou articulações diretas de seus membros, exceto poucas reportagens e poucos estudos (Solano, Manso e Novaes, 2014). Na rede virtual, podem-se encontrar o "Manifesto Black Bloc" e o "Manual da Ação Direta", um guia sobre como realizá-la. Ortellado (2013) destaca no manual itens sobre: desobediência civil, primeiros socorros e leis, direitos e segurança.

Logo após junho de 2013, as manifestações não tiveram continuidade em termos de mobilização de massa, os atos de protestos foram tópicos, com focos específicos, tais como: #Não Vai Ter Copa, ocupações urbanas, greves de profissionais da educação pública etc. Cenas de violência protagonizadas pela polícia e pelos Black Blocs levaram à criminalização de vários participantes dos protestos e ao refluxo das manifestações. Neste mesmo período, movimentos sociais clássicos reformularam-se e voltaram a ser destaque em manchetes cotidianas da mídia, a exemplo da luta dos sem-teto/casa urbanos, exemplificados pelo MTST (Movimento dos Trabalhadores Sem Teto). O então governo federal reformulou sua agenda política, priorizando a temática da participação social, a inclusão dos jovens etc. Passou a lidar com esses novos sujeitos sociais com identidades específicas, cujas demandas não tinham sido incorporadas nas agendas do governo, passando a se constituir como grande desafio no campo das políticas públicas. Alguns líderes do MPL foram convidados para ir ao Palácio, em Brasília, pós--junho de 2013.

Nossa indagação inicial — Por que os movimentos sociais que se articularam a políticas e processos participativos de controle social incentivados pelo Estado, ao longo da década de 2010, não foram os protagonistas principais nos atos de protesto a partir de 2013 que vieram a definir novos rumos para o país — pode ser respondida provisoriamente como: porque novíssimas formas de ação coletiva não institucionalizadas ganharam a cena, ainda que muitas já existissem desde a década de 2000 como o próprio MPL, porque o campo dos movimentos de protestos ampliou-se com novos grupos com perfil cultural, ideológico, repertório etc. diferenciados dos existentes, e a nova conjuntura econômica passou a ser uma fonte de desgaste e descrença da população no governo e nos políticos, especialmente na esfera federal; porque as denúncias e os escândalos de corrupção vieram à tona e a apropriação do dinheiro público por grupos e certos políticos chocou a população, que se indignou. A participação social existente nas estruturas participativas, estatais, atuava mais como uma instância de validação de objetivos políticos que de cogestão ou co-decisão. Funcionava de forma autorreferenciada, muito voltada para os membros participantes e não sintonizada para ouvir as vozes das ruas. E se ouviam, não entendiam os novos códigos linguísticos que se ampliaram no decorrer do processo. Acrescenta-se a esse processo as normas e os procedimentos burocráticos exigidos pelo Estado, criando uma defasagem entre a temporalidade do agir estatal e o agir da sociedade.

Após junho de 2013, instituições da sociedade civil, como a CNBB (Conferência Nacional dos Bispos do Brasil) articulada à OAB (Ordem dos Advogados do Brasil), Movimento de Combate à Corrupção e a Plataforma dos Movimentos Sociais, formaram uma "Coalização pela Reforma Política Democrática e Eleições Limpas" para a elaboração de uma proposta para ser apresentada como um projeto de lei de iniciativa popular (previsto na Constituição de 1988), para uma Reforma Política do Sistema Brasileiro. Não foram além das intenções. Aqueles que negaram a importância das manifestações de 2013, porque buscavam resultados imediatos, não observaram estes fatos, tanto na cena governamental como na sociedade civil, como frutos do desenrolar e resultados das pressões nas ruas. Não entenderam a agenda inédita e a nova cultura política que as manifestações trouxeram. Junto com a demanda da mobilidade urbana eclodiram protestos nos quais já se observava claramente a reprovação à corrupção, no campo da moral e da moralidade; e um grande *stress* sobre a permanente má qualidade dos serviços públicos.

## 2º Momento em 2014: Surgimento de Contracorrentes nos "Novíssimos"

A parcela dos novíssimos atores que entraram em cena em junho de 2013, representada pelo MPL e outros grupos autonomistas ou socialistas, continuou nas redes sociais, on-line e saiu às ruas em tímidos atos contra a Copa Mundial de futebol no Brasil e seus grandes gastos, não atraindo a maioria da população. Alonso (2016) afirma que os *socialistas* e os *autonomistas* deixam a rua, o que não concordamos porque, embora tímidos, houve protestos contra a Copa. Protestos localizados tiveram maior repercussão, como as vaias à presidente em eventos oficiais da Copa. Os "rolezinhos" (manifestações de ostentação de jovens da periferia) foram uma onda de curta duração. Parte da mídia alternativa aderiu ao *status* governamental então vigente; em 2014, por exemplo, líderes do Fora do Eixo foram convidados a participar de cargos em escalões do governo federal, mas eles já estavam "em baixa" no imaginário social pois foram denunciados na grande mídia como envolvidos em processos judiciais.

Durante o período eleitoral para a presidência da república em 2014, ocorreu intensa mobilização das redes sociais e logo alguns outros "novíssimos" grupos foram criados, os quais passarão a ter atuação decisiva nas manifestações em 2015, distintas do MPL e de outros grupos de 2013, demarcando, como já assinalado, duas correntes com campos de ação e repertórios diferentes nos "novíssimos": de um lado o MPL (Movimento Passe Livre) e, de outro, o Vem Pra Rua, o MBL (Movimento Brasil Livre), o Nas Ruas, Revoltados On-line e outros. Já caracterizamos dois desses grupos no Capítulo I. Apenas relembramos agora o perfil político deles: Vem Pra Rua, neoliberal; Movimento Brasil Livre, neoconservador; e Revoltados On-line, reacionário. Novas formas de protesto como os panelaços foram se instaurando como rotina, convocados por esses grupos dos novíssimos. Alonso (2016) denomina os atores desses grupos como "patriotas". Embora esses grupos tenham nítido caráter nacionalista, o termo patriota remete a grupos norte--americanos, reativados logo após a queda das torres gêmeas, parte da própria história daquele país, muito diferente da nossa história. Na atualidade, com Trump presidente, os patriotas estão novamente em alta nos Estados Unidos.

Tenho como hipótese que recuperar os fatos e os acontecimentos de 2014 é tão importante quanto analisar o ano de 2013, porque ocorreram eventos relevantes que definirão os rumos das manifestações a partir de 2015, com a criação do VPR e do MBL. Por isso, denominamos o ano de 2014 como um novo momento na trajetória de estudo das manifestações, uma vez que os novos grupos imprimiram novo caráter às mobilizações. Não apenas porque colocaram o *impeachment* na agenda dos protestos (timidamente no início), mas porque também novos sujeitos sociopolíticos entraram em cena e uma nova cultura política foi sendo tecida. A partir da indignação dos jovens de 2013 com a política, os políticos, a má qualidade dos serviços públicos etc., criou-se no imaginário da sociedade a figura do grande causador dos problemas nacionais: a corrupção. Denúncias de escândalos na Petrobras, malfeitos no uso do dinheiro público etc. vêm à tona diariamente nos noticiários da mídia. A Operação Lava Jato, criada nesse ano, dará sustentação para a representação da sociedade de que a solução dos problemas estava no combate à corrupção via Judiciário.

O então governo federal retomou os trabalhos que previam a criação de uma Lei da Participação Nacional, assim como o Novo Marco Regulatório da Sociedade Civil que define novas regras para as parcerias entre o Estado e as Organizações da Sociedade Civil (OSCs). Essa nova legislação estabeleceu regras mais claras para as parcerias com órgãos de governos federal, estadual e municipal. As consultas públicas realizadas entre julho e setembro de 2013 foram sistematizadas e, em maio de 2014, foi instituída uma

Política de Participação Social por Decreto Presidencial, muito tarde e desconectada com os repertórios advindos em 2013 e ressignificados a partir de 2014, com a criação de outras correntes nos "novíssimos" movimentos. Na realidade, o foco mais geral, tanto do governo como das novas correntes nos movimentos, era a eleição presidencial. O agravamento da crise econômica, o desemprego que já batia forte à porta, a crise fiscal das contas públicas etc. foram ignorados no debate público oficial.

## 3º Momento: A Multidão Retorna às Ruas — 15 de março de 2015

Em março de 2015, novas manifestações de massa irrompem nas ruas do Brasil, com características totalmente diferentes das de junho de 2013, pelo repertório das demandas, grupos sociais que as convocam, composição social, de faixa etária dos participantes e matrizes referenciais teóricas ou políticas que fundamentavam as ideias e os valores das principais lideranças que convocaram os atos públicos.

As manifestações ocorreram em clima de tensão, divisão da sociedade, "panelaços" frequentes e intensa disputa política em todos os acontecimentos, embora o grande eixo articulatório que levou milhares de pessoas às ruas seja justamente a negação da política. Enquanto, em 2013, lideranças como as do MPL construíram narrativas sobre a negação da política sustentadas por ideais socialistas/anarquistas, anteriormente caracterizados, em 2015 as principais lideranças nas megamanifestações apelarão para a negação no campo da política partidária de certos políticos, sob o argumento de combate à corrupção, falta de **ética** etc., e defenderão pautas que entram em consonância com o desejo de grandes contingentes da população, que é a defesa do Estado ético, transparente, mas sob a ótica liberal.

A questão político-partidária entra em cena como divisora de águas entre aqueles que apoiavam o governo da presidente Dilma Rousseff e aqueles que são contra seu governo, pelas políticas adotadas ou anunciadas por ele ou por convicções próprias. É bom lembrar que a presidente Dilma foi eleita em outubro de 2014, após o segundo turno, com 54,5 milhões de votos e o seu opositor, Aécio Neves, teve 51 milhões. Portanto, o próprio resultado do pleito demonstra-nos uma grande divisão na sociedade. Essa divisão se refletirá nas manifestações de março de 2015, gerando duas correntes de protestos. Uma enfatiza o protesto contra a corrupção, especialmente em empresas públicas, como a Petrobras, investigadas pelo Ministério Público Federal via operações específicas, a exemplo da "Lava Jato", questiona os políticos, pede *impeachment* da presidente Dilma Rousseff e é contra o Partido dos Trabalhadores. A outra questiona novas políticas públicas do novo governo da presidente Dilma Rousseff, especialmente a do ajuste fiscal econômico, mas não é contra o então governo federal. Essa ambiguidade, ser contra a política econômica e a favor do governo, fragilizava essa corrente. É preciso registrar também que, em 2015, aliada à crise política gerada pelas denúncias de corrupção, a crise econômica do país se aprofunda e vem à luz dados até então "dissimulados" mostrando o retorno da inflação e do desemprego, crise fiscal, paralisação de obras públicas etc.

Portanto, no cenário anterior, duas agendas disputam a atenção da população: uma em defesa da presidente e de políticas sociais, denominada como antigolpe; e a outra, que ganhará a disputa, pautando o *impeachment* e a necessidade de reforma do Estado. A primeira agenda era reivindicada pelos movimentos clássicos e parcelas dos novos movimentos sociais. A segunda pelos novíssimos oficialmente criados em 2014. Duas manifestações se destacaram nas ruas do país em março de 2015. A primeira, no dia 13, ocorreu em várias capitais brasileiras, chamada de Dia Nacional de Luta ou Ato Nacional em Defesa da Petrobras, dos Direitos e da Reforma Política, contou em São Paulo com 12 mil pessoas. E foi convocada e organizada pelos movimentos clássicos: MST (Movimento dos Trabalhadores Rurais Sem Terra), CUT (Central Única dos Trabalhadores), UNE (União Nacional dos Estudantes) e MTST (Movimento dos Trabalhadores Sem Teto), entre outros. Houve demandas trabalhistas, mas foram de apoio ao governo federal. Essa manifestação também representou uma tentativa de se antecipar e contrapor a outra manifestação que estava sendo organizada para o dia 15 de março. Embora, em 13 de março, tenham-se reunido centenas de militantes em inúmeras capitais e cidades de todo o Brasil, esse dia teve um público pequeno, comparado com o da manifestação que ocorreu dois dias depois e contou com o público, o repertório e a forma de protesto já tradicionais em atos e eventos daquelas entidades (carros de som, grandes faixas, discursos inflamados etc.).

No dia **15 de março 2015** a multidão retornou às ruas e essa foi a novidade na cena pública. Aparentemente foi uma retomada de junho de 2013, mas só na questão numérica. Os manifestantes foram ativados via redes sociais, especialmente pelos novos grupos criados a partir de 2013, ampliando o espectro dos matizes políticos dos atores, trazendo para a cena do protesto social nas ruas grupos que se apresentam em público como de oposição ao atual governo federal brasileiro, embora buscassem não se identificar com partidos políticos, mesmo com os da oposição. Faixas e cartazes do "Fora Dilma" estiveram presentes, mas o *impeachment* da ex-presidente ainda não era consenso. Faixas e cartazes de partidos políticos foram proibidas, assim como a fala de membros do parlamento. O hino nacional foi cantado pelos presentes inúmeras vezes, além do refrão de algumas músicas constantemente puxado, tais como "Sou brasileiro, com muito orgulho, com muito amor" (esse refrão foi entoado em junho de 2013, na última etapa dos atos, quando o MBL não era mais o ator principal nas ruas). A predominância dos jovens em junho de 2013 foi substituída por pessoas de todas as faixas etárias, especialmente famílias que levaram seus filhos. Foi também um momento educativo bem "preparado" pelos novíssimos movimentos e coletivos, já que alguns deles denominaram o ato "cidadania cívica".

O caminhão de som retorna à avenida em março de 2015 (diferentemente de junho de 2013, quando foi banido), mas com um papel novo — em São Paulo, por exemplo, ele passou a ser um divisor de espaço na avenida; permaneceu estacionado, no mesmo lugar, do início ao fim, aglutinando ao seu redor adeptos dos grupos organizadores e dando espaço para oradores previamente selecionados, não vinculados a cargos públicos.

Dentre os grupos organizadores do ato de 15 de março em São Paulo, destacam-se os já citados: Vem Pra Rua (VPR), o Movimento Brasil Livre (MBL) e o "Nas Ruas", entre outras dez novas siglas/grupos entre os quais há três pequenos grupos ultraconservadores que defendem a volta dos militares ao poder, como os Revoltados On-line, demanda absolutamente minoritária no conjunto da multidão, cuja página foi proibida pelo *Facebook* em 2016. A manifestação de 15 de março de 2015 entrará certamente para a história dos atos de protestos de grande dimensão no Brasil, apesar da polêmica quanto ao número real de participantes. Segundo a Polícia Militar, mais de 2 milhões de pessoas saíram às ruas no país neste dia, sendo um milhão só em São Paulo.

O Datafolha publicou que foram 210 mil em São Paulo, a maior manifestação política medida pelo órgão de pesquisa após as Diretas Já, em 1984. No próprio dia 15 de março já se anunciou uma nova manifestação para o dia 12 de abril, a menos de um mês de distância (Gohn, 2015b).

O dia 15 de março de 2015 ocasionou também forte impacto sobre o então governo federal, que foi surpreendido mais uma vez. A presidente Dilma convocou seus ministros e dois deles fizeram uma declaração pública, via cadeia nacional de TVs, ao final da tarde, que foi desastrosa. Brevemente comentaram que as manifestações eram parte do Estado democrático, que estavam abertos ao diálogo e passaram a listar um conjunto de medidas de combate à corrupção. O descompasso entre a política nas ruas, as demandas da população e o discurso governamental apressado era abissal.

Para um observador externo, de qualquer nacionalidade ou ideologia política, a megamanifestação de março de 2015 em São Paulo chamou atenção não só pelo número de pessoas, mas também pela ordem e normalidade como transcorreu e pela presença de grande aparato policial presente. Mas os policiais não inspiravam medo, ao contrário, tirar fotos ou *selfies* com eles tornou-se uma "diversão" para muitos presentes. Numa cidade marcada pela violência da polícia contra cidadãos, especialmente nas periferias, e com memória ainda muito viva dos atos de repressão ocorridos em 2013, a mudança desse comportamento causa estranhamento. Uma das explicações para este "clima" era a relação dos grupos organizadores, a exemplo do VPR, com as autoridades de segurança e forças policiais. Segundo a narrativa dos líderes, a relação era de cordialidade e isso se dava em função da busca de "garantir segurança e tranquilidade aos manifestantes". Certamente, essa deveria ser uma diretriz permanente da atuação policial, independentemente de acordos prévios. Para além da ordem e tranquilidade reinante, devem-se investigar as motivações que levaram aquela multidão às ruas. Simplesmente dizer que a "direita" saiu às ruas também não esclarece, pois há muitos matizes político-ideológicos que dividem ou unem os indivíduos, além da divisão esquerda/direita. Concordo com José Eli da Veiga (2017), que disse: "A oposição entre direita e esquerda parece ser uma daquelas coisas que quanto mais se usam mais ficam estranhas". Em 20 e 21 de janeiro de 2017, por exemplo, multidões saíram às ruas em Washington e em Nova York para protestar contra o retrocesso das políticas sociais do presidente Trump, reunindo nos dois eventos quase um milhão de pessoas. Pode-se afirmar que todos que saíram nas ruas, no frio, estavam contra o conservadorismo, mas não se pode dizer que eram marchas da esquerda. Estou utilizando este mesmo raciocínio para o caso brasileiro.

A partir de março de 2015, observa-se também, nas ruas, a consolidação de uma representação social criada na conjuntura política vivenciada no país em 2014, de um novo ator coletivo que desempenhará um papel crucial no processo de *impeachment* da presidente Dilma em 2016: o Poder Judiciário. Os juízes federais responsáveis pela apuração de denúncias de corrupção, a Operação Lava Jato — iniciada em 2014 — e a sequência de prisões, delações e investigações conferirão ao Poder Judiciário o papel de sujeito histórico relevante, não só na história política do país, mas também nas manifestações nas ruas. Faixas, cartazes, fotos etc. demonstravam o apoio dos manifestantes ao juiz Sérgio Moro.

Podemos localizar na megamanifestação de março de 2015 um novo marco de ressignificação da cultura política de parte da população que participou do protesto. O elemento "negação da política", de políticos, ou a política como coisa suja, identificada com os gestores públicos, estruturaram-se naquele momento como um valor. A mídia corporativa comercial captou bem esta mudança e passou a trabalhar na ressignificação desta nova cultura política sob os termos de "ética na política". Mouffe elaborou há mais de dez anos importante interpretação deste fenômeno. Ao lê-la agora, temos a impressão de que está analisando o Brasil atual. Diz a autora:

> A atual apatia com a política que testemunhamos em muitas sociedades democráticas liberais origina-se, na minha visão, do fato de que o papel desempenhado pela esfera pública política está se tornando cada vez mais irrelevante. Com a evidente hegemonia do neoliberalismo, a política foi substituída pela ética e pela moralidade, e o leitmotiv é a necessidade do consenso, de valores familiares e de "boas causas". Em muitos países, isto tem sido acompanhado pelo domínio crescente do setor jurídico. As decisões políticas são encaradas como se fossem de uma natureza técnica e mais bem resolvidas por juízes ou tecnocratas, considerados portadores de uma suposta imparcialidade. Hoje, devido à falta de uma esfera pública política democrática, na qual a confrontação agonística poderia acontecer, é o sistema jurídico que é frequentemente visto como o responsável por organizar a coexistência humana e por regular as relações sociais. Diante da crescente impossibilidade de enfrentar o problema da sociedade de uma maneira política, é a lei que é acionada para prover soluções para todos os tipos de conflitos (Mouffe, 2003, p. 17-18).

Na manifestação de 12 de abril de 2015, também convocada pelos "novíssimos", o afluxo de manifestantes nas ruas foi bem menor. Em várias capitais e cidades médias do país, organizadas pelos mesmos grupos de 15 de março, a multidão caiu para a metade, e em outras em 1/3 em relação ao mesmo 15 de março. Em São Paulo, novamente na avenida

Paulista, ocorreu o ato com maior número de participantes do país nesse dia, 100 mil segundo o Datafolha e 275 mil segundo a Polícia Militar. Com números menores, o 12 de abril foi mais enfático em dois itens: "*impeachment* de Dilma e o Fora PT". A defesa da Operação Lava Jato também esteve muito presente. Toda a discussão na mídia, pós-evento, centrou-se na comparação dos números e pouco destaque foi dado ao fato que, nesse mesmo dia, o jornal *Folha de S.Paulo* publicou pesquisa do Datafolha em que 63% da população era favorável ao *impeachment* da presidente Dilma, com apenas 13% considerando que ela estava fazendo um bom governo (Gohn, 2015b).

O principal legado de 12 de abril foi de natureza diferente da numérica. Ele levou a uma articulação de 26 dos "novíssimos" grupos e movimentos que criaram a "Aliança Nacional Democrática" e elaborou-se uma "Carta do Povo Brasileiro", escrita em contraposição à "Carta ao Povo Brasileiro", de Lula em 2002. Assinaram a Carta, além do Vem Pra Rua, que coordenou as ações, outros grupos como: MBL, Instituto Democracia e Ética, Jovens Transformadores, Avança Brasil, Brava Gente Brasileira, Chega de Impostos, Diferença Brasil, Eu Amo o Brasil, Movimento Acorde, Mude Brasil, Nas Ruas, Brasil Melhor, Endireita, Avança, entre outros (Chequer e Butterfield, 2016, p. 118 e 130). Observa-se que a contracorrente à corrente dos novíssimos anárquicos de 2013 ampliou-se muito.

As manifestações de 15 de março e 12 de abril de 2015 levaram para as ruas não apenas novas camadas sociais, mas especialmente as classes médias. Elas trouxeram novos repertórios de demandas nas ações coletivas que até então eram tímidos ou inexistentes nos protestos nas ruas. A pluralidade da sociedade civil e a diversidade das opiniões sobre a política e o governo vieram à tona e se expressaram de forma clara. A dinâmica do processo da contestação social ampliou-se à medida que a mobilização da opinião pública, realizada principalmente através das redes sociais, atuou como agente de organização das manifestações de rua. Com isso, deu-se impulso para campanhas de politização em torno de diversos temas, geraram-se novas imagens e representações sociais sobre a crise econômica e política no Brasil atual. Ser contra a corrupção passou a ser sinônimo de "ética na política" e eixo estruturante desta nova cultura política que nega a política e os políticos.

Segundo Castells (ver Colombo, 2015), as manifestações de 2013 e as de 2015 têm em comum a "denúncia de corrupção e o sentimento de que há demandas dos cidadãos que não podem se expressar nos atuais sistemas políticos".

O apelo à participação das pessoas na manifestação de 15 de março de 2015 se fez com base em critérios e valores morais, também apelo à ética, contra a corrupção e não a uma pauta específica de demanda, como em 2013 foi a mobilidade urbana; e não ao passado de luta e militância dos participantes. Os fundamentos dos valores morais transitam no campo do "dom", origem social e condição social das pessoas (Bourdieu, 1979). Entender e analisar estes elementos são tarefas de suma importância do pesquisador, assim como diferenciar a população que adere e vai aos atos — uma multidão em vários casos — e os grupos, movimentos e coletivos que a convocam — suas identidades e pertencimentos —, para que não se fique na mera desqualificação dos que se manifestaram, baseando-se em rotulações de ordem ideológica, "a elite branca", que ganhou o apelido de "coxinhas". Vários comentaristas da mídia desqualificaram as manifestações de 15 de março e 12 de abril de 2015, dizendo que o povo da periferia não estava presente. De fato, o Datafolha publicou, em 13 de abril, pesquisa sobre o ato do dia anterior, em que 73% dos manifestantes se declararam brancos e apenas 14% com renda até três salários mínimos. Mas fixar-se apenas nos indicadores de cor e renda esquecem-se de que as grandes mobilizações de massa ocorridas no Brasil, em 1964 e 1968, em 1984 (Diretas Já) e em 1992 (Movimento Caras Pintadas e *impeachment* do ex-presidente Collor de Melo), foram protagonizadas basicamente pelas camadas médias, com expressiva participação de estudantes universitários (Gohn, 2015b). Singer (2013), ao analisar junho de 2013, também destacou a preponderância das camadas médias nas manifestações.

No segundo semestre de 2015, teve-se inicialmente nova manifestação convocada pelos novíssimos. Ela ocorreu no dia **16 de agosto**, em várias capitais e cidades brasileiras, com público pequeno, mas focada no pedido de *impeachment* da presidente e na busca de assinaturas para o Projeto de Lei contra a Corrupção (dez medidas contra a corrupção). De setembro a dezembro de 2015, a pauta política girou em torno do pedido de *impeachment* elaborado pelos juristas Hélio Bicudo, Miguel Reale Júnior e Janaína Paschoal. O pedido foi acolhido na Câmara dos Deputados em 2 de dezembro. No dia **13 de dezembro** ocorreu nova manifestação nas ruas reunindo cerca de 600 mil pessoas em 87 cidades brasileiras. O *impeachment* estava pautado oficialmente, mas poucos acreditavam que ele viria a ocorrer de fato.

## 2016 — o Ano do *Impeachment*

Em 2016 o cenário das mobilizações de 2015 amplia-se e aprofunda as divisões políticas, diferenciando-se de 2013. Antigos, novos e novíssimos movimentos sociais se confrontam. Dentre os novíssimos, nas ruas em 2016, novamente os já citados Vem Pra Rua e o MBL (Movimento Brasil Livre) tiveram protagonismo maior, embora tenha ocorrido uma ampliação de grupos entre 2015-2016 adeptos da corrente dos "novíssimos". A "Aliança Nacional dos Movimentos Democráticos", criada em 2015 com 50 organizações, passou a ter cerca de 60 siglas/grupos com repertório de conteúdo liberal — centrado na crítica ao então governo federal — similares àquelas que utilizaram símbolos nacionalistas como a bandeira, o hino nacional e o verde-amarelo. Para os outros movimentos sociais, clássicos e novos, e para muitos analistas, era a "direita" se reorganizando, agora nas ruas. Retomando bandeiras recorrentes nas últimas três décadas no Brasil, as contracorrentes dos novíssimos movimentos focalizaram temas de forte apelo popular: ética na política e moralidade popular. Captando as emoções e a subjetividade coletiva, trabalharam temas como a indignação em face das denúncias de corrupção, a rejeição à política (plantada em junho de 2013) e o descontentamento popular (desemprego, retorno da inflação, insegurança etc.). Por isso atraíram milhares de pessoas às ruas. Os *slogans* principais entoados nas manifestações desses grupos eram: "Fora Dilma, Fora Lula, Fora PT". Esses *slogans* ajudaram a consolidar as narrativas que apresentavam a dicotomia (Jasper, 2016) entre os bons e os maus, o certo e o errado, o justo e o injusto, os heróis e os vilões no imaginário da população.

Entre as manifestações nas ruas convocadas pelos movimentos sociais clássicos e "novos" advindos da década de 1980, em cena em 2016, destacam-se movimentos sindicais, estudantis e populares (luta pela terra e pela moradia), atuantes nos últimos 30 anos no Brasil, como a Central Única dos Trabalhadores (CUT), Movimento dos Trabalhadores Rurais Sem Terra (MST), (Movimento dos Trabalhadores Sem Teto (MTST), UNE (União Nacional dos Estudantes). Dentre os novos, movimentos das mulheres, movimentos atingidos por barragens, de pequenos proprietários etc., assim como alguns novos grupos como o "Levante da Juventude" etc. A novidade entre eles foi a união e a reativação de muitos em **Frentes** de ação política, a exemplo da **Frente Brasil Popular** composta por cerca de 70 movimentos e organizações sociais com repertórios adaptados à conjuntura política atual, a exemplo da CUT, MST etc., e a **Frente Povo Sem Medo**, composta por cerca de 30 movimentos e agremiações partidárias, algumas recentes. Esta última se apresenta em seu *site* como: "uma frente unitária de movimentos sociais que tem como maior objetivo a realização de amplas mobilizações populares" [...] focada em mobilizações contra o ajuste fiscal e o conservadorismo".[4]

Segundo o jornal *El País*, a Frente Povo Sem Medo:

> [...] adota um discurso de "recuperar as ruas", que, para eles, foram tomadas por manifestações de caráter conservador desde os atos pós-junho de 2013. Também defende a taxação das grandes fortunas, algo que o Governo ainda não conseguiu emplacar no Congresso, e a auditoria da dívida pública (Bedinelli, 2015).

Ou seja, as "Frentes" se compõem de movimentos clássicos e de novos (herdeiros dos anos 1980 ou mais recentes, caso dos jovens). Examinando-se os movimentos e entidades que compõem a lista, verifica-se que a transversalidade das lutas pode ser observada tanto entre as lutas de participação simultânea dos indivíduos, como nas relações de classe, gênero, etnia, nacionalidade, religião etc., assim como a transversalidade de campos sociais nas lutas por moradia, educação, saúde, mobilidade urbana e meio ambiente (sempre ignoradas no campo social como

---

4. Disponível em: <www.povosemmedo.org>. Acesso em: 31 jan. 2017.

uma de suas dimensões, vistas como algo separado). As Frentes se apresentam como progressistas, ou da esquerda, contrapondo-se aos que denominam como conservadores, ou da direita. Uniram forças após os novíssimos crescerem e se rearticularem numa Aliança. Todos passaram a ter por objetivo mobilizar a população para manifestações nas ruas. A diferença é que as Frentes têm trabalho junto a seus demandantes *nas* bases (não significa que tenham trabalho *de* base — característica dos anos 1970/1980 que se perdeu ao longo das décadas). Ou seja, as Frentes surgem como uma articulação estratégica, entre inúmeros movimentos sociais já existentes, com demandas específicas, que se uniram em função do contexto político nacional, denunciando os perigos do "golpe", a perda de direitos sociais, a mudança das políticas de inclusão social dos últimos 15 anos etc.

O grupo dos novíssimos, criado a partir de 2014, a exemplo do Vem Pra Rua, também tem por foco mobilizar a população para a rua, em função de causas determinadas, de nível nacional, mas eles não têm bases populacionais organizadas. O que possuem são organizações — central, regionais e locais —, que desempenham a tarefa de organizar/ convocar a população, via recursos on-line, em determinadas ocasiões. Quando se articulam em blocos, como o caso da Aliança Nacional, é uma articulação tópica, estratégica. Há denominadores comuns entre os novíssimos participantes da Aliança: defendem a economia de mercado, são liberais, têm objetivo estratégico comum — o *impeachment* da presidente — e possuem na narrativa da indignação em face da corrupção e malversação dos recursos públicos a chave fundamental, a qual lhes proporcionou a simpatia e a adesão dos milhares que saíram às ruas. Abrigam na sua corrente grupos conservadores e acolheram e até participaram de atos de grupos reacionários, como os "Revoltados On-line", nos atos públicos entre 2014-2016.

2016 deverá entrar para a história do Brasil como o ano do *impeachment* da ex-presidente da República Dilma Rousseff, tanto da parte dos favoráveis ao *impeachment* como da dos desfavoráveis. As mobilizações nas ruas, a favor e contra à destituição da presidente, dominaram o repertório das demandas. A multidão toma o lugar de sujeito constituinte (Negri, 2005). Em **13 de março de 2016** ocorre a maior manifestação de protesto em ruas na história do país, embora os números sejam divergentes, conforme a fonte. Segundo os organizadores, foram 6,7 milhões de pessoas em todo o país; conforme a Polícia Militar, foram 3,3 milhões de pessoas. De acordo com a *Folha de S.Paulo*, cerca de 1,3 milhão de pessoas contrárias ao governo federal protestaram nas ruas, em aproximadamente 300 cidades brasileiras, clamando pelo *impeachment* de Dilma Rousseff.

O VPR chegou a encomendar, antes do ato, uma pesquisa para uma empresa. Queria saber as demandas que as pessoas queriam levar para as ruas. O resultado foi, segundo o Vem Pra Rua: blindagem da Operação Lava Jato, apoio a Sérgio Moro e término da corrupção através do fim da impunidade.

O cenário político nacional forneceu, em março de 2016, razões suficientes para a explosão das multidões contra o governo e motivos para irem às ruas. Depoimento coercitivo de Lula, declarações do senador Delcídio do Amaral, ex-líder do PT, nomeação de Lula para a Casa Civil, divulgação de áudio de conversa da presidente Dilma com Lula sobre a posse. O país ferveu, a ira da multidão aguçou-se, a parte da população que ainda apoiava Dilma ficou perplexa. Este cenário gerou até manifestações espontâneas, sem a convocação de nenhum grupo, como ocorreu dia 16 de março, em São Paulo e em Brasília, após a divulgação do áudio da conversa. Grupos de jovens acamparam na avenida Paulista e lá ficaram até a votação no Senado, em maio.

Ainda no mês de março de 2016, outras centenas de pessoas também realizaram atos em defesa do governo federal, aglutinadas em dois grandes blocos organizatórios já citados: a Frente Brasil Popular e a Frente Povo Sem Medo. A cor das roupas passou a ser um diferencial: usavam verde-amarelo os que eram a favor do *impeachment* e vermelho, os contras. As duas Frentes que compunham este bloco clamavam pela defesa do Estado de direito e criaram o bordão "não vai ter golpe", além de defenderem políticas sociais e combater o oligopólio dos meios de comunicação. Não mencionavam o tema da corrupção, as denúncias do desvio do dinheiro público etc. Com isso, a sociedade ficou sem respostas ou explicações do contraditório, contribuindo para o sentimento que cresceu e avolumou-se: a rejeição à política e ao PT (Partido dos Trabalhadores). O resultado das eleições municipais de 2016 confirma nossa afirmação.

O país ficou dividido, a política entrou na agenda do cotidiano do cidadão comum. Os movimentos sociais passaram a ser "a voz das ruas", balizadores da força social na luta por mudança ou pela conservação do *status quo*. Os dois blocos/correntes clamavam em nome da democracia. Para um dos lados, o *impeachment* seria sinônimo de golpe e atentado ao Estado de direito. Para o outro, o *impeachment* era a mudança necessária para restaurar e combater a corrupção e salvaguardar a democracia.

Entretanto, figuras públicas dos dois grupos estavam envolvidas em denúncias de corrupção. O Poder Judiciário, em diferentes instâncias, passou a ser o grande condutor dos passos do processo da grande luta política que se instaurou, especialmente as ações de combate à corrupção, como a Operação Lava Jato. Como dissemos antes, esse poder torna-se um novo sujeito político relevante no país. No entanto, parafraseando Negri (2016, p. 127), "devemos reconhecer que os judiciários, apesar das afirmações de independência, são sempre poderes políticos".

As Frentes Brasil Popular e Povo Sem Medo conseguem mobilizar perto de 100 mil pessoas em ato em São Paulo contra o *impeachment* de Dilma Rousseff. Após o *impeachment*, ocorrido dia 31 de agosto de 2016, os defensores da ex-presidente saíram às ruas e realizaram atos públicos com o "Fora Temer" (Michel Temer — vice-presidente da República, o qual assumiu o poder interinamente durante o processo do *impeachment* e tornou-se presidente após a finalização do processo).

A partir do *impeachment*, as manifestações nas ruas da capital paulista mudam de atores/sujeitos, demandas e protestos. Mas a conjuntura política se alterou a partir do afastamento da presidente, durante o processo do *impeachment* e após. O governo que assumiu deu novas diretrizes, novos rumos, focalizando em medidas econômicas, corte de gastos e reformas que afetam a área dos direitos dos trabalhadores. A tensão social não desapareceu com o *impeachment*, ao contrário, acirrou-se.

A cada dia a mídia apresenta também nova denúncia contra escalões do governo que tomou posse, inicialmente composto por um ministério de homens, brancos e a maioria já velhos, na idade e na política. Novas denúncias e prisões de políticos e empresários envolvidos com o esquema de corrupção completavam o caos político do país.

"Fora Temer" e "Abaixo o Golpe" passarão a ser os *slogans* predominantes em inúmeras manifestações localizadas ocorridas a partir de agosto de 2016. O período das eleições municipais, especialmente entre setembro e novembro, deslocou o foco das atenções para as disputas eleitorais, o andamento da Operação Lava Jato, os processos judiciais etc. A mobilização nas ruas diminuiu progressivamente, os "novíssimos" se recolheram ou se lançaram em campanhas eleitorais com candidatos próprios — caso do MBL que elege um vereador em São Paulo, por exemplo. Houve um ato, em 4 de dezembro, convocado pelos novíssimos, em defesa da continuidade das investigações entre outras demandas, mas teve baixa adesão da população.

Os movimentos clássicos passam à defensiva, contra o corte de direitos sociais e trabalhistas e resistência às reformas propostas. Retomam suas práticas tradicionais, com baixa intensidade. No novo cenário, a criminalização de lideranças dos movimentos tradicionais passa a ser usual, a partir de prisões e interrogações em atos de protesto. Após o *impeachment*, as ruas continuam sendo a esperança de reconquista da força desses movimentos sociais.

## Destaques

As manifestações no Brasil a partir de 2013 construíram significados novos às lutas sociais. Elas afetaram o campo da política e a correlação das forças político-partidárias foi tensionada. A partir daí, teve-se uma grande virada entre 2014-2016: de repertórios de ação sobre demandas específicas e localizadas — aumento das tarifas de transportes — passam para questões éticas. As "vozes" que ecoaram nas ruas em junho de 2013 não negavam o Estado, mas reivindicavam um menos dependente dos bancos, de multinacionais, de empresários etc. Clamaram por mais cidadania social. A partir de 2014 ocorre uma grande virada e a política partidária passa a ser o grande divisor. Em 2015, contra ou a favor do *impeachment* da presidente da República, esse repertório domina nas grandes manifestações e em 2016 essa divisão aprofunda-se, na sociedade e no governo.

O uso das tecnologias digitais agregou potência e força às manifestações da população convocada para grandes atos de protesto, gerando as maiores manifestações públicas que o Brasil conheceu em sua história. Certamente, os protestos vão além do ativismo digital, que é um meio para um fim — a manifestação propriamente dita. Há múltiplos processos de subjetivação na construção dos sujeitos em ação — os acontecimentos no calor da hora provocam reações que geram novas frentes da ação coletiva. A composição delas é complexa, diversificada, com múltiplos atores, propostas e concepções sobre a política, a sociedade, o governo. As emoções — dos indivíduos e coletivos — ganharam destaque nos protestos políticos e passaram a assumir papel ativo da construção do social.

As megamanifestações subverteram os poderes instituídos e estabeleceram outras e novas formas de ação coletiva em que a agregação é *ad hoc*, para aquele ato, mas a identidade é com o repertório das demandas que estão em pauta — contra a corrupção, especialmente. Por isso, nas grandes manifestações convocadas pelos novíssimos movimentos, que levaram multidões às ruas, a adesão e a agregação dos participantes ocorrem via o plano simbólico, político-cultural, em vez do político-organizacional, dado pelos movimentos tradicionais na cena pública nos últimos 30 anos. A multidão passa a ser um novo sujeito instituinte (Hard e Negri, 2005) que clama por mudanças. A agregação aos atos é pontual e as ações são fragmentadas, mas criam representações que formam símbolos, como já foi dito, os quais são compartilhados publicamente, constituindo novos grupos sociais semiorganizados, que se multiplicam de forma rápida.

Embora sejam fragmentadas, sem compromisso de continuidade com o grupo ou movimento que convocou o ato, há um empoderamento de grupos e pessoas via participação a cada nova manifestação, que foi apropriado por agendas e agências conservadoras ou liberais do mundo da política. Antigas e novas formas do protesto social se defrontam e se confrontam, geram debates públicos. Observa-se um campo de disputa entre as formas antigas, centralizadoras, que constroem e unem coalizações políticas de grupos, movimentos e forças para aumentar o poder de pressão e barganha (são militantes de causas); e as novas formas de ação coletiva, formadas por novos atores sociais que se autodenominam "ativistas", os quais constroem narrativas políticas estruturantes do que seria o novo, advindas e formadas pelo ativismo digital.

A organização ao redor de redes, e não de uma organização ou dado movimento específico, tem possibilitado novas dinâmicas aos protestos sociais, que fogem do controle das organizações já institucionalizadas, tais como UNE, CUT, MST etc. Por tudo isso, a partir de 2013 é preciso repensar as análises sobre a lógica da ação coletiva organizada, diferenciando-a quando ocorre a partir de grupos, estruturas políticas e organizacionais dos movimentos já tidos como tradicionais na cena brasileira, nas últimas décadas, e as lógicas advindas do engajamento individual dos participantes nas manifestações a partir de 2013, convocadas por uma pluralidade de novíssimos grupos sociais e políticos, para uma melhor compreensão das condições de emergência e de transformação do ativismo nas ruas, na atualidade. A dimensão cultural de protestos e movimentos deve ser considerada para a análise da questão: por que a multidão aderiu às manifestações? Transformações na forma de comunicação e socialização das pessoas, com as novas culturas digitais, parecem que têm tido papel mais importante na socialização de valores éticos, políticos e morais do que as narrativas de grupos que construíram seus repertórios a partir de temas da desigualdade, exclusão social, direitos etc.

A autonomia dos indivíduos nas redes sociais encontra identificação com as práticas dos "novíssimos" movimentos e coletivos, que clamam contra a corrupção, condenam a política e os políticos, sem deixar claro que esta também é uma forma de fazer política. Só que os valores conservadores implícitos nas matrizes discursivas da maioria dos "novíssimos" pouco aparecem; ao contrário, eles se apresentam como modernos, virtuosos, defensores da ética.

É importante analisar os fundamentos ideológicos que alimentam as ações coletivas dos principais atores que têm participado das recentes manifestações de ruas no Brasil. A caracterização que apresentamos anteriormente nos demonstra que existem inúmeras matrizes político-discursivas e sujeitos políticos distintos, que vão do socialismo utópico do século XIX às teorias autonomistas, do capital humano às modernas interpretações sobre o poder da sociedade em rede, passando por concepções do liberalismo, do anarcocapitalismo, do conservadorismo e do marxismo. Não há uma orientação hegemônica, mas grupos ou coletivos ativistas nas redes sociais, organizando e divulgando pautas de demandas em que pelo menos um foco é comum: a luta pela ética na política, contra a corrupção. Implícito nas demandas e formas de encaminhamento dos protestos encontra-se um grande questionamento sobre a forma de operar a democracia brasileira na atualidade e a busca de novos caminhos. Como estabelecer mediações entre governo e sociedade civil, quais os atores e agentes políticos para estabelecer nexos nesta relação? Respostas não são fáceis, pois a dinâmica do processo é dada mais pelo desenrolar dos fatos do que pelo resultado, fruto ou produto de qualquer ação planejada. Alberoni (1991), décadas atrás, fez alertas a este respeito. Hobsbawm (1995) também afirmou que os grandes fatos e acontecimentos históricos que marcaram época não foram fruto de planejamento antecipado. Adauto Novaes (apud Bucci, 2016, p. 12) corrobora quando diz: "as manifestações de 2013 excluíram, por princípio e por definição, as ideias de organização e de estratégia política".

Olhando para o futuro, detectamos a importância de ampliar os estudos sobre as redes de mídias sociais e cultura digital para entendermos as possibilidades de uma Democracia Digital — aquela que tenta dialogar com a geração digital, que poderá combinar a democracia representativa com a democracia direta via on-line. É preciso atentar para o futuro da democracia, suas possibilidades de desenvolvimento para novas formas de participação dos cidadãos, num cenário de queda da representação partidária. A recuperação de instituições públicas desgastadas é algo necessário, mas seu caráter mais ou menos democrático está em aberto, poderá ser o fortalecimento da democracia ou de órgãos não democráticos para o controle e regulação dos cidadãos.

# SEGUNDA PARTE

## Lutas e Movimentos pela Educação

A seguir, aborda-se o ciclo de lutas no campo da educação ocorrido em 2015 e 2016, especialmente a ocupação de escolas nos estados de São Paulo, Rio de Janeiro e Goiás: a ocupação de alunos nas escolas de ensino técnico; os protestos em todo o país contra a reforma do ensino médio, via nova legislação; e o movimento contra o Projeto Escola sem Partido.

# I

# Preliminares:
## Lutas e Movimentos pela Educação na História do Brasil

Movimentos e lutas pela educação têm caráter histórico, são processuais e ocorrem dentro e fora de escolas e em outros espaços institucionais. As lutas pela educação envolvem a conquista de direitos e são parte da construção da cidadania. São questões centrais envolvidas no estudo da relação dos movimentos sociais com a educação: a participação, a cidadania e o sentido político da educação. Há de se considerar também o caráter educativo de todo movimento social.

Movimentos sociais pela educação abrangem questões tanto de conteúdo escolar quanto de gênero, etnia, nacionalidade, religiões, portadores de necessidades especiais, meio ambiente, qualidade de vida, paz, direitos humanos, direitos culturais etc. Esses movimentos são fontes e agências de produção de saberes. Assim, as demandas no campo da educação podem ocorrer tanto no setor da educação formal (escolar), como na não formal (advinda de experiências em que há intencionalidades), além de na informal (família, igrejas, clubes de amigos etc.) (ver Gohn, 2010). Demandas no campo da educação não formal são desenvolvidas em práticas do cotidiano, são fruto de aprendizagem advinda da experiência ou de ações mais estruturadas, com alguma intencionalidade, objetivando a formação das pessoas em determinado campo de habilidade, fora das grades curriculares, certificadoras de graus e níveis de ensino. Aprendizados não formais podem ser construídos a partir da interação com a educação formal, por exemplo, com atividades do contraturno escolar desenvolvidas por ONGs e outras entidades externas à escola. Ou com os próprios profissionais da educação, quando participam de associações de classe e sindicatos, em suas reuniões e assembleias ou nas suas formas clássicas de protesto, como as greves, manifestações com carros de som, extensas pautas e longas jornadas de negociações. Portanto, a relação movimento social e educação ocorre de várias formas — a partir das ações práticas de movimentos e grupos sociais em contato com instituições de caráter educacional: no próprio movimento social, dadas suas ações na sociedade; no interior dos movimentos, pelas aprendizagens adquiridas pelos participantes e pelos projetos socioeducativos formulados e desenvolvidos pelos próprios movimentos, a exemplo do MST. Neste livro, destacamos os movimentos específicos na área da educação formal, institucional.

Uma breve lista das categorias de lutas e dos sujeitos demandantes na área da educação pode ser exemplificada como: lutas pelo acesso, condições e melhoria da educação — do ensino infantil (antigas creches) ao ensino superior; movimentos de educação popular e Educação de Jovens e Adultos (EJA); movimento por escolas dos quilombolas e populações indígenas — escolas do MST e educação no campo; movimento pelas cotas e por políticas de inclusão;

campanha nacional de direitos da educação e outras; movimentos dos profissionais da educação; movimentos dos estudantes: secundaristas e ensino superior (graduação e pós-graduação). As formas utilizadas por esse conjunto diferenciado de sujeitos sociopolíticos para realização dos protestos e encaminhamento e negociação das demandas são clássicas (greves, paralisações tópicas, passeatas, ocupações, petições etc.). O que muda em cada tempo histórico e local/território são os mecanismos e os instrumentos utilizados, e os canais para viabilizar os atos e os acontecimentos delineados.

Historicamente, as lutas pela educação formal/escolar nem sempre têm tido grande visibilidade. Ocorrem no seio dos profissionais da própria educação, usualmente via associações de classe e sindicatos. As lutas pelo acesso à educação — do ensino infantil (antigas creches) ao ensino superior — têm ocupado grande parte das agendas. Dentre os estudos realizados sobre essas agendas, nas últimas décadas do século XX, relacionando movimentos sociais e educação no país, destacam-se as pesquisas que correlacionaram mudanças ocorridas nas mobilizações e pressões populares, visando ao acesso à escola pública ou ao atendimento pelo estado, no caso das antigas creches (Gohn, 1985).

Neste novo século, um dado novo entrou na pauta das lutas e estudos sobre a educação: são as novas formas de manifestação, especialmente de jovens, advindas da sociedade civil não organizada nos moldes clássicos, demandando educação — não apenas o acesso ou "mais educação" —, mas reivindicando ensino com qualidade, para além dos discursos e retóricas dos planos e promessas de políticos e dirigentes. Na diversidade de demandas focalizadas, observam-se redes temáticas lutando por mudanças na sociedade no combate às desigualdades sociais e clamando por políticas públicas; educação de jovens e adultos; multiculturalismo e mudanças culturais; juventude e educação; educação no campo; educação popular; movimentos negros; movimentos indígenas; inclusão digital etc.

A relação movimento social e educação ocorre de várias formas — a partir das ações práticas de movimentos e grupos sociais em contato com instituições educacionais, no próprio movimento social, dado o caráter educativo de suas ações na sociedade, e no interior dos movimentos, pelas aprendizagens adquiridas pelos participantes e pelos projetos socioeducativos formulados e desenvolvidos pelos próprios movimentos, a exemplo do MST (Movimento dos Trabalhadores Rurais Sem Terra). Neste livro, destacam-se as recentes mobilizações, lutas e movimentos pela educação ocorridos no âmbito escolar do ensino médio, das escolas públicas de estrutura curricular do ensino básico e do ensino técnico, focalizando especialmente as ocupações de estudantes, além das reações da organizações da sociedade civil e da sociedade política.

## As Resistências às Reformas do Sistema Educacional

As reformas educacionais transformaram-se, ao longo da história brasileira, no *modus operandi* por excelência de gestão da educação. Desde a década de 1920, registram-se reformas, educadores da Escola Nova, e outras correntes entraram para os manuais da história da educação no Brasil. Entre 1931-1932 surge o Movimento dos Pioneiros da Educação, primeira organização nacional relacionada à área do sistema educacional formal brasileiro. Foi criado por uma série de educadores, como Anísio Teixeira, Lourenço Filho etc., que tinham participado de reformas do ensino primário e secundário em vários estados brasileiros. O movimento propunha, entre outras demandas, a criação de um sistema nacional para a administração de políticas educacionais; o ensino público, gratuito e de caráter universalizante; a não diferenciação de sexos nas escolas etc. Os Pioneiros lançaram um manifesto à nação (Romanelli, 1978) e participaram intensamente do debate entre os defensores do ensino confessional (católico) e do ensino laico (segundo os moldes do ideário escolanovista). Em 1958 ocorreu a Campanha em Defesa da Escola Pública, em que se destacou a atuação de Florestan Fernandes, Anísio Teixeira e de outros educadores (Fernandes, 1966). A polêmica da escola pública laica *versus* a escola confessional, religiosa, colocada em pauta nos anos 1930, esteve novamente presente na longa jornada de 14 anos de discussões e debates no congresso nacional e entre os educadores, ao longo dos anos 1950. Finalmente, em 1961, foi promulgada a primeira LDB — Lei de Diretrizes e Bases da Educação. Criou-se um sistema nacional de ensino. Foi nessa conjuntura que surgiu, em 1961, o Movimento de Educação de Base (MEB), voltado para a educação popular de adultos segundo o método Paulo Freire.

Portanto, é na contextualização da conjuntura econômica e político-social que encontraremos os fios explicativos das atuais propostas de reforma do ensino, especialmente o ensino público, em relação às do passado. Os fios das atuais reformas foram tecidos ao longo dos anos 1990 e culminaram com a proposta da "Nova Gestão Pública" (Bresser-Pereira, 1998), a qual focaliza os processos de desconcentração, descentralização, publicização, privatização, terceirização, controle e avaliação dos serviços prestados pelo Estado como prioridades para melhorar o que se tornou um bordão/ jargão: "a qualidade da educação". A gestão da educação passa a ver tratada, pelos órgãos da administração pública, sob a ótica da mensuração em que modelos empresariais de produtividade (quantitativa) passam a ser os principais indicadores de eficiência e eficácia do sistema.

No que se refere às políticas educacionais, essas medidas acompanham também as tendências mundiais que compreendem a qualidade da educação atreladas à melhoria de indicadores e na posição em *rankings* comparativos, tais como o Programa Internacional de Avaliação de Estudantes (PISA). Trata-se, pois, de uma agenda mundializada que conta também, desde a década de 1990, com influência maior dos organismos internacionais, como o Banco Mundial e o Fundo Monetário Internacional, nessas políticas (Piolli, Pereira e Mesko, 2016, p. 22).

É dentro deste cenário que se colocam a reformas das redes estaduais e municipais de ensino básico que levaram ao ressurgimento do movimento dos estudantes do ensino médio. No estado de São Paulo, criou-se, via o Decreto n. 57.571/2011, o Programa Educação: Compromisso de São Paulo. São parceiros do programa: Instituto Natura, Fundação Victor Civita, Fundação Lemann, Instituto Unibanco, Comunidade Educativa Cedac, Instituto Hedging-Griffo, Fundação Itaú Social, Tellus, Parceiros da Educação, Fundação Educar DPaschoal, Fundação Bradesco, Centro de Estudos e Pesquisas em Educação, Cultura e Ação Comunitária (Cenpec), ICE (Instituto de Corresponsabilidade pela Educação), Instituto Península, Fundação Arymax e a consultoria internacional McKinsey & Company (São Paulo — SEE, 2011 apud Piolli, E.; Pereira, L.; Mesko A. de S. R., 2016, p. 22).

A quase totalidade desses representantes integra os "Parceiros da Educação", uma Organização da Sociedade Civil de Interesse Público (Oscip) fundada em 2004. Essa organização tem como propósito estabelecer parcerias entre empresas, empresários e as escolas da rede pública.

*Desde sua criação, o "Compromisso São Paulo" orientou toda uma política de reorganização da Secretaria para o qual obteve a colaboração e a consultoria das entidades acima relacionadas. Essas mesmas entidades colaboraram com o financiamento para a contratação da consultoria empresarial McKinsey não apenas para essa tarefa, mas para assessorar a formulação da política educacional do governo do estado. Hoje este trabalho de assessoria tem sido desempenhado pela consultoria Falconi.* Em 2015, os parceiros do Programa Compromisso São Paulo atuaram na proposição do *projeto de Reorganização das Escolas que previa o fechamento de 92 escolas e a reorganização para segmento único de mais 754 escolas. Apesar da justificativa pedagógica por parte da Secretaria da Educação de que escolas menores produzem melhores resultados e de que a reorganização se fazia necessária em razão das mudanças na pirâmide etária da população em idade escolar.* (Piolli, Pereira e Mesko, 2016, p. 23).

II

# Ocupação de Escolas — Escolas Públicas de Ensino Médio e Técnicas

Desde as ações dos estudantes de Direito na fase do Brasil Império, passando pelas lutas estudantis dos anos 1960, pelas Diretas Já de 1984, pelos Caras Pintadas de 1992, até a UNE atual, e as novas formas de ação, com ocupações em órgãos administrativos das universidades ou as atuais ocupações de escolas por estudantes do ensino médio, os estudantes são atores políticos relevantes na história do Brasil. Podemos periodizar o movimento dos estudantes, a partir dos anos 1960, em sete ciclos, a saber:

1º ciclo — a partir dos anos 1960 — revoltas e passeatas.

2º ciclo — a partir de 1975, quando a tensão contínua entre os militares e as forças democratizantes gerou uma dinâmica de "concessões do regime e conquistas da sociedade, dentro de uma conjuntura de resistência e luta democrática" (Bringel, 2009, p. 14).

3º ciclo — década de 1980, na conjuntura do Movimento pela Anistia e as Diretas Já. Neste período, as campanhas pela participação popular na Assembleia Constituinte tiveram grande impacto na mídia e lograram-se algumas conquistas, como as emendas populares e a participação de organizações e movimentos sociais. Estudo de Michiles (1989, apud Mische, 1997) sobre as emendas populares e a participação de organizações e movimentos sociais registra: "os estudantes apresentaram cinco emendas, mas somente uma conseguiu mais de cem mil assinaturas" (Mische,1997, p. 14-15).

4º ciclo — os Caras Pintadas durante o processo de *impeachment* de Collor.

5º ciclo — ocupações às reitorias durantes os anos de 2007 e 2008. Bringel (2009, p. 15-16) assinala:

> [...] o recente ciclo de mobilização estudantil supõe um novo ponto de inflexão dentro das lutas estudantis brasileiras também no que se refere ao questionamento das dinâmicas organizativas e mobilizatórias das últimas duas décadas, a partir de uma maior horizontalidade da informação, da deliberação e a ausência de lideranças definidas. Em suma, frente à centralização, hierarquização e partidarização das lutas estudantis (expressadas, nas últimas duas décadas, pelo controle político dessas lutas pelos centros e diretórios de estudantes, a maioria cooptados por partidos políticos) aparece um formato mais movimentista.

6º ciclo — reorganização do Movimento dos Profissionais da Educação. Greves de professores passaram a ser usuais no Brasil, a partir de 1988, quando a Constituição incluiu o direito de sindicalização de funcionários públicos e outros. Usualmente coordenadas pelos sindicatos da categoria, as greves e paralisações foram frequentes e localizadas. A partir de 2013 o cenário se altera, porque os protestos da educação se desdobrarão em diferentes manifestações da categoria — as merendeiras do Rio de Janeiro, por exemplo, em junho de 2013 — e os protestos dos professores ampliam seu repertório para além das demandas salariais. Reformas e propostas de reorganizações escolares passam a atingir diretamente a categoria, e embates com o poder público e longas greves passam a ser usuais, como ocorreu em Curitiba, em 2014, e em Goiânia, com a proposta de atuação de Organizações Sociais no contraturno escolar, em 2015.

### 7º ciclo — ocupações de secundaristas a partir de 2015: ensino médio e escolas técnicas

Quais são as matrizes discursivas dos atuais movimentos dos estudantes a partir de 2015 e em que medida se aproximam ou se distanciam dos ciclos anteriores? Uma das novidades é o setor da área educacional onde se localizam as mobilizações e as ocupações: o dos secundaristas (termo originário do passado, dos antigos ginásios que sucediam as escolas primárias, mas que envolviam também os cursos que davam sequência ao ginásio, que eram o clássico, o científico, o normal e o comercial/técnico). A Ubes (União Brasileira dos Estudantes Secundaristas), principal entidade desta categoria de estudantes, ainda utiliza o termo secundarista. A expressão atual correta é mobilização de alunos do ensino médio (parte do ensino básico que é composto pelo fundamental de oito ou nove anos e o ensino médio de três anos). Este protagonismo desbancou o dos estudantes do ensino superior, que sempre estiveram na vanguarda dos protestos.

A irrupção do novo ciclo de protestos de jovens estudantes secundaristas da escola pública, entre 2015-2016, ocorreu especialmente nos estados de São Paulo, Rio de Janeiro, Minas Gerais, Goiás, Espírito Santo, Paraná e Rio Grande do Sul. Em São Paulo, em outubro de 2015, o então Secretário Estadual da Educação anunciou:

> Em 162 municípios, 1.464 escolas, das 5.147 unidades existentes, passariam pelo processo [da reforma], somadas a

1.443 unidades que já mantinham segmento único, 2.197 passariam a atender alunos exclusivamente de um ciclo de ensino. Delas 832 destinadas aos anos iniciais do Ensino Fundamental (1º ao 5º ano), 566 para os anos finais do Fundamental (6º ao 9º ano) e 799 para o Ensino Médio. Com isto seria necessária a transferência de 311.000 estudantes. Estimava-se que 74 mil professores sofreriam algum tipo de mudança (Silva, 2016, p. 115).

A configuração organizacional trouxe algumas novidades na forma do protesto, com a tática de ocupações das escolas e manifestações nas ruas com *performances* específicas (por exemplo, o *seat down*, quando os estudantes se sentam em cadeiras e carteiras escolares em cruzamentos de avenidas de grande trânsito e visibilidade). As *performances* são produzidas em um nível microinterativo, objetivando atingir o público presente, interagir com ele, e produzem efeitos na grande mídia, criando espectadores, O repertório das demandas, no caso de São Paulo, focou um item: foi contra o plano de reorganização das escolas estaduais paulistas, que levaria, entre outras consequências, ao fechamento de inúmeras unidades. Os repertórios, geralmente, são mais abrangentes, situam-se em um nível macro-histórico, pois é o ponto de convergência de toda a ação de protesto dos estudantes.

Segundo Piolli, Pereira e Mesko (2016), o Plano de Reorganização foi adiado em razão da resistência estudantil e da intervenção do Ministério Público e Defensoria Pública do Estado.

O Ministério Público Estadual posicionou-se no sentido de recomendar ao governo o encerramento da reorganização, por entender que ela visava à economia de recursos. Tal projeto sofreu forte resistência dos estudantes secundaristas, que promoveram um grande movimento de ocupação de mais de 200 escolas durante cerca de 60 dias. A resistência dos estudantes, no entanto, transbordou a contestação ao Plano de Reorganização e colocou em evidência outros temas relacionados às escolas públicas no estado. A pauta estudantil foi sendo ampliada no processo com denúncias referentes à falta de relações democráticas na escola, à precariedade das instituições de ensino, à falta de professores. Aulas livres e debates nas escolas ocupadas durante o período da ocupação inseriram temas como: relações de gênero, racismo e homofobia, entre outros. O movimento fez emergir questões e temas não abarcados pelo modelo gerencial proposto pela secretaria (ver *Id., ibid.*, p. 24).

Segundo Silva (2016, p. 120)

> Em 26/10/2015, o então Secretário da Educação, em entrevista coletiva, anunciou os resultados do Estudo para o processo de reorganização. Desta forma ficou destacado na proposta, naquele momento em números oficiais, que para o ano de 2016, 94 prédios ficariam ociosos por conta da transferência automática dos estudantes. De forma que 94 escolas seriam fechadas. No entanto, declarou que 66 destas construções serão utilizadas para outras atividades da pasta [...].

Durante o período das ocupações, inúmeras vezes houve confronto ou cerceamento da polícia aos estudantes, incluindo prisões. O impacto dos atos e manifestações dos estudantes na mídia, na sociedade (comunidade de pais, associações educacionais e movimentos sociais da área da educação, tais como Cenpec, Campanha Nacional pelo Direito à Educação, Todos Pela Educação, MTST etc.) e no governo estadual foi grande. O Ministério, e não a melhoria da qualidade do ensino e da aprendizagem, que argumentava

> A situação de tensão social criada pelos estudantes com a paralisação/ocupação de quase 200 escolas levou o governo

do estado de São Paulo a recuar. Em 4 de dezembro de 2015, por meio do Decreto n. 61.692, revogou-se o Decreto n. 61.672 e o governador Geraldo Alckmin anunciou que o Processo de Reorganização das escolas para 2016 estava adiado. A reforma foi, portanto, suspensa, e o decreto que transferia funcionários foi revogado em 5 de dezembro de 2015. O secretário estadual da educação foi trocado. Por fim, em 8 de dezembro de 2015, a Resolução SE 56 revogou a Resolução SE 54/2015 da Secretaria Estadual de Educação do estado de São Paulo (ver Silva, 2016, p. 125).

A resistência contra a reforma do ensino paulista gerou outro movimento social: o "Não Fechem minha Escola" (2016), que se notabilizou também pelas práticas de "escrachos" — **ações relâmpagos em locais de visibilidade ou perto da residência de políticos.** Outro destaque foram as *pages* criadas durante a ocupação, reveladoras da experiência autonomista dos secundaristas, a exemplo de "O Mal-Educado", Território Livre" e **"Não Fechem minha Escola".**

## Ocupação das Escolas Técnicas (Etecs) — Ensino Médio — Problema da Merenda Escolar (São Paulo, 2016)

Em abril de 2016, reiniciaram-se em São Paulo as ocupações de escolas, desta vez as escolas de ensino médio técnicas, profissionalizantes, chamadas Etecs. O móvel inicial foi a falta de merenda. O Centro Paula Souza, que gerencia as Etecs, foi ocupado. Depois o leque das demandas ampliou-se e a Escola Fernão Dias, situada no bairro de Pinheiros, que se tornou símbolo da resistência nas ocupações de 2015, também aderiu aos protestos das Etecs. Uma ocupação dos estudantes ocorreu também na Assembleia Legislativa do Estado de São Paulo (Alesp), paralisando os trabalhos dessa casa. Ocorreu invasão policial no Centro Paulo Souza, sem ordem judicial, o que repercutiu na sociedade e na mídia. Mas os estudantes foram desalojados do Centro dias depois, sendo expulsos/carregados para as calçadas. Na Assembleia, estipulou-se multa individual por dia, em caso de não desocupação, e os estudantes também foram desalojados daquele recinto. Em 9 de maio de 2016 os estudantes tiveram uma conquista: foi instaurada uma Comissão Parlamentar de Inquérito (CPI) da Merenda, para investigar o escândalo de desvios nas compras de alimentos para as escolas estaduais paulistas.

Assim como nas manifestações de junho de 2013 que possibilitaram uma radiografia pública das más condições de mobilidade urbana, os protestos e as ocupações das escolas em 2015/2016 deram voz aos estudantes não satisfeitos com o cotidiano do sistema escolar, vindo a público inúmeras mazelas que são indícios da baixa qualidade da educação pública no país para o ensino básico.

Dias após a desocupação do Centro Paula Souza, o secretário de Ciência, Tecnologia e Inovação do estado de São Paulo, Márcio França, afirmou em reportagem publicada pela *Folha de S.Paulo*: "Temos de aprender os ensinamentos do movimento. Um deles é usar a tecnologia para se comunicar melhor" (ver Saldaña, 2016). Ou seja, um reconhecimento público da inabilidade para tratar com os estudantes em situações de crise e de que a repressão policial, única mediação entre estudantes e governo, não funciona.

No novo ciclo de mobilizações pela educação, tanto no caso das ocupações de escolas públicas em 2015, como no caso das Etecs em 2016, algumas características de junho de 2013 se repetem: a falta de mediadores e a ausência de lideranças. Ainda que haja uma organização e divisão interna de tarefas, apenas alguns estudantes têm a atribuição de se comunicar com a imprensa, dar entrevistas etc.; o elemento comum entre eles se chama movimento autonomista, alicerçado em princípios libertários. Devem ser incluídos entre os novíssimos movimentos pela forma de agir, inovações que trazem e o uso intensivo das redes sociais para toda organização, embora os princípios ideológicos sejam antigos, conforme resgate que fizemos para o caso do MPL. A tática das ocupações nas ruas ou nas escolas, ou o bloqueio de ruas ou cruzamentos de avenidas, são formas de expressão básicas da ação direta. A publicização dos atos faz parte das estratégias gerando também a politização.

Registre-se também que os estudantes tiveram como fonte de inspiração o movimento pela educação ocorrido anos atrás no Chile, tanto na chamada "Revolta dos Pinguins" da década de 2000 como nas ocupações que vêm ocorrendo na década de 2010, no Chile e na Argentina. Cartilhas e matérias sobre como fazer e como organizar uma ocupação foram meios para difundir aqueles ideais. Certamente, devem-se considerar as diferenças de contexto entre Brasil e Chile. Ideologias do "autonomismo" predominam no movimento dos secundaristas. Segundo Falchetti:

> Ideologicamente, o autonomismo se localiza dentro da tradição libertária, abrangendo pensadores e militantes que refletem e aderem a autonomia como princípio chave de organização e ação política. É possível identificar determinados elementos anarquistas e marxistas no ativismo autonomista, por vezes, misturando fontes e referências dos diferentes campos teóricos. Muitos movimentos contêm membros das distintas orientações, como é o caso do próprio MPL. Internamente ele é composto por um pequeno grupo de militantes de um amplo espectro social que congrega punks, feministas, professores, artistas, estudantes, trabalhadores e

desempregados, em sua maioria jovens, usuários do transporte. Há uma rotatividade relativa dentro do movimento, o que envolve uma variação grande no perfil dos manifestantes, de modo que a identidade está mais na partilha dos princípios organizativos e de ação. (Falchetti, 2017, p. 12)

## Ocupações de Escolas pelo Brasil (2016)

As ocupações de escolas em 2016 focalizavam dois protestos principais: contra a Medida Provisória da Reforma do Ensino Médio e ocupações contra a PEC 241 (PEC 55-limita os gastos do governo federal pelos próximos 20 anos.) Elas ocorreram não apenas nas escolas de ensino médio, mas especialmente em universidades. Estudos mostraram que a medida pode reduzir os repasses para a área de educação, que, limitados por um teto geral, resultarão na necessidade de retirada recursos de outras áreas para investimento no ensino. Entretanto, apesar dos protestos, a medida foi aprovada e comemorada pelo governo Temer como grande ganho político.

Segundo a União Nacional dos Estudantes (UNE), em outubro de 2016, 134 *campi* universitários e mais de mil escolas e institutos federais estavam ocupados (ver Mariana Tokarnia — Repórter da *Agência Brasil*. Brasília, 26 out. 2016). Conforme a Ubes, ao todo, estavam ocupados no final outubro de 2016, 995 escolas e institutos federais, 73 *campi* universitários, três núcleos regionais de educação, além da Câmara Municipal de Guarulhos, o que totaliza 1.072 locais. O estado do Paraná concentrava o maior número de ocupações. Minas Gerais aparece em segundo lugar, com 48; Rio Grande do Sul, com 13; Goiás e Rio Grande do Norte, com nove cada, conforme dados dos estudantes.

Em 2016, as ocupações ocorreram em meio ao preparo para o Enem (Exame Nacional do Ensino Médio), e muitas das escolas que estavam ocupadas eram locais de aplicação de provas. O MEC (Ministério da Educação) ordenou a desocupação das escolas, mas não foi atendido. Surge então uma prosaica proposta por parte da Advocacia-Geral da União (AGU) defendendo que,

> [...] em caso de cancelamento, seja cobrado dos participantes das ocupações o custo da aplicação das provas para os alunos prejudicados. O custo é de R$ 90 por prova. Para que isso ocorra, no entanto, é necessário o nome dos ocupantes. O MEC enviou aos institutos federais um comunicado no qual pede os nomes. Os institutos dizem que há obstáculos operacionais para que isso seja feito e que pedido semelhante nunca foi feito antes (ver Tokarnia, *EBC — Agência Brasil*, 25 out. 2016).

Os protestos dos estudantes contra a reforma do ensino médio (Medida Provisória n. 746/2016) tiveram reação mais ampla, extrapolaram o movimento estudantil e contaram com a participação de professores das redes pública e privada, além de inúmeros intelectuais da academia. O ensino médio é considerado por vários analistas e índices estatísticos como o pior setor ou "gargalo" do sistema educacional básico, por ser a etapa de ensino que concentra mais reprovações e abandono de estudantes. Alguma coisa deveria ser feita mas ocorreu grande atropelo, promulgando-se projetos não discutidos com os profissionais da área, ignorando-se conquistas que se obtiveram ao longo dos anos 10 deste século com a introdução do ensino das artes, da sociologia e da filosofia na estrutura curricular das escolas. Os estudantes mobilizados argumentaram que a reforma deveria ser debatida amplamente antes de ser implantada por Medida Provisória. Algumas modificações foram feitas na proposta original, como a manutenção de artes, sociologia e filosofia, de forma fragmentada. A reforma foi concluída e aprovada em fevereiro de 2017.

As ocupações abrem um novo ciclo de lutas dos estudantes pela educação e demonstram que os jovens desta faixa etária querem participar, têm consciência das condições que vivem nas escolas e de outras que têm direito, como merenda e educação de qualidade. Os protestos e ocupações das escolas em 2015/2016 deram voz aos estudantes não satisfeitos com o cotidiano do sistema escolar, vindo a público inúmeras mazelas que são indícios da baixa qualidade da educação pública no país para o ensino básico. Dentre elas, estão as condições físicas das instalações e problemas de segurança. Segundo dados da PeNSE (Pesquisa Nacional de Saúde do Escolar),

> [...] compilados e publicados no 10º Anuário de Segurança Pública, de novembro de 2016, mostram que 50,8% dos alunos do nono ano do ensino fundamental estão em escolas localizadas em áreas de risco de violência. A pesquisa, realizada por amostragem, levou em consideração 2.630.835 entrevistas com estudantes de todo o país matriculados no nono ano do ensino fundamental das redes pública e privada (Souza, Adailton e Lincoln Jr., 2017).

Segundo Camila Lanes, presidenta da União Brasileira dos Estudantes Secundaristas (Ubes), em 2016: "Os estudantes não se sentem parte da escola. Nós não somos representados e a escola não é um lugar que dá vontade de ficar". Camila explica que as ocupações têm o caráter de apropriação do espaço físico e gestão da escola, que é dos/as alunos/as por direito. "As ocupações estão promovendo aulas de cidadania e política e se articulando. É um tapa na cara de muito governador por aí" (ver Reis, 2016).

As reivindicações dos/as estudantes são diversas, mas as três pautas em comum que têm ganhado muita força são a Base Nacional Comum Curricular, o debate de gênero nas escolas e a livre organização estudantil. A questão de classe, gênero e étnica aparece, por exemplo, no depoimento de um estudante:

> "Acima de tudo, é importante vermos que nós, que somos da rede pública, sofremos muitas opressões, já que a maioria é da periferia, negro, pobre. Então já temos muitos conflitos diante do Estado. O jeito é se organizar", defende Washington Andrade, de 17 anos, estudante da Escola Andronico de Mello, na zona oeste de São Paulo (*Informes — Abong*, n. 545, p. 1, 2 jun. 2016.) Segundo Lilian Kelian, pesquisadora do projeto Jovens Urbanos, do Cenpec: "As ocupações transformam a escola em espaço público e os jovens começam a discutir democracia e valores, assim a reivindicação do movimento passa a ser ampla" (Informes *Abong*, ibid., p. 1).

Marilena Chaui, em entrevista à revista *Cult* (2016), disse:

> [...] a maior diferença entre a ocupação das escolas e o movimento de 2013 é que a paralisação aconteceu no interior de uma instituição pública e social para a garantia do caráter público dessa instituição. Não foi um evento em favor disso ou daquilo; foi uma ação coletiva de afirmação de princípios políticos e sociais. Os dois grandes princípios foram, primeiro, o princípio republicano da educação — a educação é pública; segundo, o princípio democrático da educação — a educação é um direito. A ação dos estudantes e professores foi tão significativa porque eles disseram: "O espaço da escola é nosso. Somos nós, alunos e professores, que somos".

# III

# Escola sem Partido:
## Manifestações de Repúdio ao Projeto

Idealizada por Miguel Nagib, a proposta se transformou em projeto de lei (PL n. 193/2016) de autoria do senador Magno Malta do Partido da República (PR-ES), buscando a inclusão do "Programa Escola sem Partido" na Lei de Diretrizes e Bases na Educação Nacional (LDB), e foi proposta em 11 estados do país. Ela provocou debates na comunidade escolar, acadêmica e não acadêmica, e deu origem ao Movimento contra Escola sem Partido, capitaneado, entre outros, pela Anped (Associação Nacional de Pós-Graduação e Pesquisa em Educação).

O Projeto "Escola sem Partido" tem sido amplamente discutido e questionado. O movimento Professores contra o Escola sem Partido elaborou uma carta, "Em defesa da liberdade de expressão dos professores", assinada por mais de 100 coletivos. Houve interpelações e audiências no Rio de Janeiro, por exemplo, em dezembro de 2015 e junho de 2016, quando votações de projetos semelhantes buscavam censurar a educação e proibir o debate sobre questões de gênero e sexualidade. Trata-se de um projeto controverso

— apoiado por setores retrógrados da sociedade que defendem abertamente valores antidemocráticos. O Ministério Público Federal considerou "inconstitucional" a proposta de incluir o programa "Escola sem Partido" na LDB.

A seguir apresento algumas críticas feitas ao projeto que expressam bem o repúdio que ele causou em amplo setor da sociedade. Assim, afirma Daniel Cara, coordenador-geral da Campanha Nacional pelo Direito à Educação:

Além de não assumir sua mensagem conservadora, camuflada em suposto pluralismo, o Escola sem Partido quer evitar um pensamento crítico. Quer uma escola medíocre. Afirma uma ideologia pautada em um fundamentalismo cristão evitado até pelo Papa Francisco, diante das possibilidades de um papado que sucedeu o ultraconservador Bento XVI. Escola Sem Partido: o que é movimento que divide opiniões na Educação. SIND-UTE/MG. Disponível em: <http://sindutecaxambu.blogspot.com.br/2016/08/debate-parte-3-escola-sem-partido.html>. Acesso em: 10 fev. 2017.

Sandra Unbehaum, da Fundação Carlos Chagas, afirma que apesar do discurso de neutralidade, o Escola sem Partido defende uma escola sem espaço para discussão da cidadania, garantia estabelecida na Lei de Diretrizes de Bases da Educação (n. 9.394/96). "Como é que se desenvolve um pensamento crítico se não discutindo política, filosofia, sociologia, história? Você não vai discutir política partidária, mas vai discutir num sentido amplo, de organização e composição da sociedade", argumenta. Disponível em: <http://sindutecaxambu.blogspot.com.br/2016/08/debate-parte-3-escola-sem-partido.html>. Acesso em: 10 fev. 2017.

Segundo Frei Betto, "A proposta da Escola sem Partido é impedir que os professores eduquem seus alunos com consciência crítica". Disponível em: < http://sindutecaxambu.blogspot.com.br/2016/08/debate-parte-3-escola-sem-partido.html >. Acesso em: 10 fev. 2017.

Conforme Renato Janine Ribeiro, (ver Garcia, 2016):

> Me incomoda ver que esse debate não é uma questão educadora nem educativa, mas ideológica, e defendida por pessoas que abraçam uma determinada ideologia a qual não querem que seja contestada. São altamente ideológicos, querem preservar valores que consideram que sejam os únicos certos. Educação é mostrar dois, três ou quantos lados tiverem a moeda, e não um lado dela, apenas. Existe um problema nisso, porque temos questões sérias a serem discutidas — a Base Nacional Comum Curricular, por exemplo.

Segundo Gaudêncio Frigotto (2016):

> Ao pôr entre aspas a denominação de "Escola sem Partido" quer-se sublinhar que, ao contrário, trata-se da defesa, por seus arautos, da escola do partido absoluto e único: partido da intolerância com as diferentes ou antagônicas visões de mundo, de conhecimento, de educação, de justiça, de liberdade; partido, portanto, da xenofobia nas suas diferentes facetas: de gênero, de etnia, da pobreza e dos pobres, etc. Um partido, portanto, que ameaça os fundamentos da liberdade e da democracia liberal, mesmo que nos seus marcos limitados e mais formais que reais. Um partido que dissemina o ódio, a intolerância e, no limite, conduz à eliminação do diferente.

Para concluir, registro uma nota de repúdio ao "Escola sem Partido" elaborada por um grupo de estudos coordenado pelo Prof. Antonio Joaquim Severino, na qual se destaca que o projeto:

Esvazia totalmente o sentido da formação humana; judicializa as relações pedagógicas, criminalizando atitudes e discursos dos professores, ao induzir abordagem jurídica e até mesmo policial; estimula atitudes de delação e de chantagem entre as pessoas que convivem na comunidade escolar; fere o direito da liberdade de expressão; atua como uma mordaça aos professores; fere o direito e a liberdade dos estudantes de aprenderem mediante ensino qualificado; cerceia o direito e a necessidade de os alunos acompanharem o desenvolvimento da ciência como instância cultural; reforça os preconceitos de homofobia e de misoginia; enviesa a reflexão acerca do processo histórico, e impede o fomento do debate sobre o sentido das diversas situações da realidade sociocultural, desconhecendo o necessário pluralismo das ideias. (Severino, 2016)

# Conclusões

Uma das principais conclusões deste livro é a de que as manifestações e os protestos, ao focalizarem a política, determinados políticos e gestores públicos e a má qualidade do serviço público, revelaram diferentes modelos de movimentos sociais na atualidade, com identidades, propostas e perfis político-ideológicos distintos, formando um leque diversificado de correntes e contracorrentes. A análise geral dos dados levou-nos a observar que ocorreu a partir de 2013 um novo ciclo de lutas e protestos políticos no Brasil, subdividido em três momentos diferentes, focando especificamente as manifestações entre 2013-2016. Ocorrem alterações significativas entre os atores/sujeitos sociopolíticos em cena, nos repertórios, nas correntes político-ideológicas e na cultura política. O novo ciclo em seus três momentos apresenta várias novidades, tais como: as ruas se transformam não só em territórios de cidadania, mas também de avaliação pública de políticos, governos e partidos; criam-se novas práticas de agir via recursos tecnológicos on-line em 2013, que se ampliam em 2014 e se transformam na principal ferramenta de mobilização e organização de movimentos, trazendo à tona outras correntes políticas no campo dos novíssimos; portanto, a cultura digital vigente cria novas formas de socialização e pertencimento, com matrizes políticas e ideológicas distintas. Os movimentos sociais clássicos e os antigos "novos" movimentos sociais se unem, formando "frentes" para retomar as ruas como espaço de protesto, após perderem a hegemonia destes territórios para as contracorrentes criadas a partir de 2014. Ao se unirem, evidenciam-se também suas fragilidades. Os principais movimentos do grupo dos clássicos estavam desgastados pelos vínculos político-partidários, pelas suas práticas verticalizadas voltadas para suas clientelas. Os novos, que tiveram o mérito de pautar desde o final da década de 1970 a bandeira de novos direitos para muitos povos e categorias sociais, também estavam entrincheirados em suas utopias, que correspondem a necessidades culturais identitárias de seus grupos, mas não às necessidades da grande maioria da população. Isso tudo em um cenário de crise de legitimidade de partidos e instituições públicas, e de desgaste e desregulamentação de estruturas participativas no interior de órgãos estatais, assim como esvaziamento de projetos sociais participativos na esfera pública. Esses fatos, aliados à conjuntura de crise econômica e política, criaram condições e oportunidades políticas favoráveis ao surgimento de novos tipos de movimentos sociais, que se estruturaram como organizações movimentalistas e legitimaram discursos e práticas sobre a prioridade da ordem e da eficiência econômica — no plano do Poder Executivo central; e o protagonismo de posições conservadoras no Poder Legislativo, atuando para retirar ou limitar direitos. Com isso, as esperanças da sociedade civil por liberdade, direitos, justiça, igualdade e cidadania democrática deslocam-se para o Poder Judiciário, no qual se travam batalhas e se decide sobre rumos e significados de ações e pessoas na esfera pública. Esse Poder passa a ter o papel de um novo sujeito histórico, seus atos têm grande visibilidade e a legitimidade da maioria da população. Citando novamente Mouffe (2003, p. 17-8):

[...] a falta de uma esfera pública política democrática, [...] é o sistema jurídico que é frequentemente visto como o responsável por organizar a coexistência humana e por regular as relações sociais. Diante da crescente impossibilidade de enfrentar o problema da sociedade de uma maneira política, é a lei que é acionada para prover soluções para todos os tipos de conflitos.

Por isso afirmamos que as manifestações no Brasil a partir de 2013 construíram significados novos às lutas sociais. Elas afetaram o campo da política e a correlação das forças político-partidárias foi tensionada. A democracia ampliou-se e abrigou grupos e movimentos com outros repertórios, linguagens e *performances*, conservadores ou liberais. Parafraseando Eder (1992), diferentes culturas políticas disputaram a articulação do sistema político. Com as manifestações, demonstrou-se que a democracia é um processo em construção, não algo dado ou encerrado. A multidão, que aderiu sair às ruas, foi às manifestações como forma de pressionar por mudanças. Trata-se de um processo histórico-cultural. As mobilizações de 2013 plantaram as sementes, atiçaram o desejo por outros modos de vida e valores na sociedade. As transformações foram político-culturais no sentido de criar novos valores e pontos de vista nos participantes e na sociedade em geral. Um dos grandes legados de junho de 2013 foi a legitimação do protesto social nas ruas como forma de busca por mudanças conjunturais. Eram protestos que também negaram a política partidária, a forma como ela é praticada no país, mas não se definiram como apartidários. Mas eles plantaram e difundiram a semente da não política como um valor, e uma nova cultura política formou-se a partir deste. Contudo, em curto prazo, estas transformações geraram novos enunciados e novos grupos surgiram, introduziram novidades na *performance* dos protestos, com outros focos e alvos em suas ações, trabalhando o repertório da não política, contra a corrupção. Resulta dessas ações, a partir de 2014, que a política, os políticos e o governo federal passaram a ser tratados pelos novos grupos de "novíssimos" como alvos principais e causadores de todos os problemas nacionais. Nosso objetivo inicial neste livro, de traçar uma linha transversal que nos explique a identidade coletiva dos grupos participantes que convocaram as manifestações, suas demandas e articulações sociopolíticas, leva-nos a concluir que há múltiplas identidades em cena e em disputa, assim como múltiplas articulações e a filiações político-ideológicas.

> As experiências anteriores estavam mais associadas à emancipação política e a soberania popular, polarizando com o aparato repressivo do Estado no contexto nacional da ditadura militar. Já a experiência recente remete ao referencial anarquista anticapitalista de âmbito internacional, opondo-se à todas as formas burocráticas, hierarquizadas e centralizadas e assumindo um caráter de recusa à institucionalidade e valorização dos processos e práticas coletivas (Falchetti, 2017, p. 19).

Portanto, o campo dos movimentos sociais presente nas manifestações não se resume a movimentos progressistas, de luta por direitos, cidadania etc., que não tiveram tempo para reciclar suas práticas e linguagens, saindo às ruas sempre; isso se aplica tanto aos clássicos, tradicionais, como à parte dos "novos" da década de 1980-1990, como contraposição ao que estava posto pelas megamanifestações, convocadas pelos novíssimos. Os novos perderam o protagonismo principal na disputa pelo espaço das ruas, que passou a ser dos novíssimos. O foco destes últimos é atingir a política, mas a narrativa dos discursos produzidos é contra a política, sendo na realidade contra determinadas correntes políticas. Com isso, eles reforçam a representação bastante divulgada desde 2013 de negação da política. Os protestos de 2013 negaram a política partidária, a forma como ela é praticada no país, mas não se definiram como apartidários. O VPR e o MBL, introduziram novidades na *performance* dos protestos, com outros focos e alvos em suas ações, trabalhando o repertório da não política, contra a corrupção, assim como reforçando teses liberais antiestatais na economia, preconizando a atuação conservadora desse estado no plano da moral (família, educação, aborto, drogas, casamento etc.) de maneira contraditória — há líder *gay* e negro nos novíssimos, mas contra os movimentos LGBT, assim como contra o movimento negro (ver Gragnani, 2017). Por isso, alguns analistas denominam esta contracorrente como de anarcocapitalismo. Neste contexto, devemos entender a criação da contracorrente no campo dos novíssimos, como o VPR, MBL etc., diferenciando-os do MPL.

A ação dos novíssimos movimentos é construída com recursos advindos da cultura, especialmente das ações conectivas do novo mundo digital. Diferentes mídias tiveram papel importante no processo, não apenas para divulgar os protestos e suas agendas, mas também para construir internamente as manifestações. Os recursos tecnológicos midiáticos foram utilizados para organizar e convocar grupos, fazer *pages*, elaborar ferramentas que gerassem novos instrumentos, organizar grupos de apoio e pressão em diferentes cidades. Normas, princípios, ideologia etc. promovem o alinhamento entre as práticas, os líderes e as organizações/movimento. A cultura digital vigente estimulou novas formas de socialização e pertencimento, e corrobora para a construção das novas culturas políticas que giram ao redor de valores progressistas, anarquistas liberalizantes ou liberais modernos, conservadores, ou reacionários, assim como ratifica a "aparência de vontade democrática".

Ser contra normativas estabelecidas como "regimes de verdades" passou a ser o padrão das ações coletivas, na busca de outros sentidos para as mudanças e a cultura política vigente. Não necessariamente todos os "contra" significam resistência democrática, como nos anos 1960 ou na época do regime militar. Diferentes tendências político-ideológicas saem às ruas neste processo de lutas gerando contracorrentes: contra às reformas, contra poderes já institucionalizados, contra condutas-padrão sobre opção sexual etc.

Entre 2015-2016, ocorre paralelamente às manifestações a irrupção de lutas na área da educação básica, especialmente no ensino médio da rede pública, configurando um campo de renovação do movimento dos estudantes e dos jovens em geral. Aparentemente separadas das megamanifestações, este livro demonstra que as atuais lutas pela educação têm conexões tanto com os jovens "românticos" de 2013 (vínculos de apoio direto durante as ocupações como na própria origem do MPL, em 2003, em Salvador, na Revolta do Buzu, ocorrida a partir de protestos de estudantes do ensino médio), vínculos entre ativistas do Passe Livre que traduziram para o português a cartilha chilena das ocupações de escolas etc., como há conexões entre propostas de alguns dos "novíssimos", como o MBL com o Projeto da Escola sem Partido. A luta no campo da educação também levou às manifestações, mas não tiveram a mesma acolhida e adesão da população como as manifestações pelo *impeachment*, contra a corrupção etc. Este tipo de movimento e suas demandas diz respeito a valores que remetem ao campo dos direitos, para se pensar uma nova geração de direitos. São aprendizagens e ensinamentos, para retomarmos nossos pressupostos no campo da educação. Se a hipótese de Tarrow (2009) de que os ciclos de protestos coincidem com os ciclos de inovações políticas, as lutas pela educação podem ser vistas como inovações democráticas. Talvez essas lutas possam vir a ser as que realmente implementem algo novo no campo do social, plantando sementes para o refortalecimento de correntes democráticas, em face das contracorrentes não democráticas da atualidade.

# Referências

ADORNO, T.; HORKHEIMER, M. *Indústria cultural e sociedade*. São Paulo: Paz e Terra, 2002.

ALBERONI, F. *Gênese:* como se criam os mitos e as instituições da civilização ocidental. Rio de Janeiro: Rocco, 1991.

ALMOND, G.; VERBA, S. *The civic culture revisited*. London: Sage, 1989.

ALONSO, A. Manifestações e participação política. *Fórum Conservadorismos, Fascismos e Fundamentalismos*. Campinas, Unicamp, 26 set. 2016.

ARLEY, P.; RICI, R. *Nas ruas*: a outra política que emergiu em junho. Belo Horizonte: Letramento, 2014.

BAQUERO, M. *Cultura política e democracia*: os desafios das sociedades contemporâneas. Porto Alegre: Editora da UFRGS, 1994.

BEDINELLI, T. Movimentos sociais lançam frente de esquerda anti-Levy e sem o PT. *El País*, 9 out. 2015.

BERSTEIN, S. A cultura política. In: RIOUX, Jean-Pierre; SIRINELLI, Jean-François. *Para uma história cultural*. Lisboa: Editorial Estampa, 1998.

BIAGINI, H. La contracultura juvenil. *Le Monde Diplomatique*, 2012. Disponível em: <http://www.eldiplo.org/lanzamientos/la-contracultura-juvenil>. Acesso em: fev. 2015.

BOURDIEU, P. *La distinction:* critique sociale du jugement. Paris: Minuit, 1979.

BOYD, A.; MITCHELL, D. O. *Bela baderna.* São Paulo: Ideal, 2014.

BRANT, J. Um ano depois de junho. *Le Monde Diplomatique Brasil,* ano 7, n. 83, p. 34-35.

BRESSER-PEREIRA, L. C. A reforma do Estado nos anos 90: lógica e mecanismos de controle. *Lua Nova — Revista de Cultura Política,* n. 45, 1998.

BRINGEL, B. O futuro anterior: continuidades e rupturas nos movimentos estudantis do Brasil. *Eccos — Revista Científica,* v. 11, p. 97-121, 2009.

BUCCI, E. *A forma bruta dos protestos:* das manifestações de junho de 2013 à queda de Dilma Rousseff em 2016. São Paulo: Companhia das Letras, 2016.

CAMPOS, M. A.; MEDEIROS, J.; RIBEIRO, M. M. *Escolas de lutas.* São Paulo: Veneta, 2016.

CANETTI, E. *Crowds and power.* New York: Farrar, Strauss and Giroux, 1984.

CASTELLS, M. *A sociedade em rede.* São Paulo: Paz e Terra, 1998.

_____. *Redes de indignação e esperança.* Rio de Janeiro: Zahar, 2013.

CASTORIADIS, C.; COHN-BENDIT, D. *Da ecologia à autonomia.* São Paulo: Brasiliense, 1981.

CAVA, B. *A multidão foi ao deserto:* as manifestações no Brasil em 2013 (jun./out.). São Paulo: Annablume, 2014.

_____; COCCO, G. *Amanhã vai ser maior:* o levante da multidão no ano que não terminou. São Paulo: Annablume, 2014.

CHAUI, M. Cultura política e política Cultural. *Estudos Avançados,* São Paulo, Universidade de São Paulo, n. 9 (23), p. 71-84,1995.

CHAUI, M. Entrevista. Dossiê: Brasil Pátria Educadora? *Revista Cult,* n. 209, fev. 2016.

CHEQUER, R.; BUTTERFIELD, C. *Vem Pra Rua:* a história do movimento popular que mobilizou o Brasil. São Paulo: Matrix, 2016.

CODATO, A. A nova direita brasileira: uma análise da dinâmica partidária e eleitoral do campo conservador. In: CRUZ, Sebastião Velasco e; KAYSEL, André; CODAS, Gustavo. (Org.). *Direita, volver!*: o retorno da direita e o ciclo político brasileiro. 1. ed. São Paulo: Editora Fundação Perseu Abramo, 2015, v., p. 115-143.

COLOMBO, S. Simpatia do brasileiro é um mito, diz sociólogo Manuel Castells. *Folha de S.Paulo,* São Paulo, 18 maio 2015. Caderno Poder.

DEBORD, G. *A sociedade do espetáculo.* Rio de Janeiro: Contraponto, 1997 (1. ed. 1967).

DELLA PORTA, D. *Social movements in times of austerity.* Cambridge: Polity, 2015.

_____; TARROW, S. (Orgs.). *Transnational protest and global activism.* London: Rowman & Littlefield Public, 2005. p. 1-17.

DEMIER, F.; HOEVELER, R. (Orgs.). *A onda conservadora*: ensaios sobre os atuais tempos sombrios no Brasil. Rio de Janeiro: Mauad, 2016.

DUPUIS-DÉRI, F. *Black Blocs.* São Paulo: Veneta, 2014.

EDER, K. Culture and politics. In: HONNETH, A. et al. *Cultural political interventions in the unfinished project of enlightenment.* Cambridge: MIT Press, p. 95-120, 1992.

FALCHETTI, C. Da Institucionalização da Participação à Emergência do Autonomismo: Tendências recentes da ação coletiva no Brasil. *LASA — Congress of the Latin American Studies Association,* Lima, Peru, April 29-May 1, 2017.

FERNANDES, F. *Educação e Sociedade no Brasil*. São Paulo: Dominus, 1966.

FERNANDEZ, J.; SEVILLA, C.; URBÁN, M. *Ocupemos el mundo!* Barcelona: Icaria/Antrazyt, 2012.

FIGUEIREDO, R. (Org.). *Junho de 2013*: a sociedade enfrenta o Estado. São Paulo: Summus, 2014.

FIUZA, B. Black Blocs: a origem da tática que causa polêmica na esquerda, 8 out. 2013. Disponível em: <http://www.viomundo.com.br/politica/black-blocs-a-origem-da-tatica-que-causa-polemica-na-esquerda.html>. Acesso em: 10 jan. 2014.

FRETEL, J. Qual a sociologia para estudos dos partidos conservadores? *Revista Brasileira de Ciência Política*, n. 5, p. 321-49, 2011.

FRIGOTTO, G. "Escola sem partido": imposição da mordaça aos educadores. *Revista Espaço Acadêmico*, 29 jun. 2016. Disponível em: <https://espacoacademico.wordpress.com/2016/06/29/escola-sem-partido-imposicao-da-mordaca-aos-educadores/>. Acesso em: jun. 2016.

GARCIA, J. "Escola sem Partido não é sério: é cortina de fumaça", diz ex-ministro. *Folha UOL*, UOL Educação, São Paulo, 21 jul. 2016.

GUATTARI, F. *As três ecologias*. Campinas: Papirus, 1990.

GOHN, M. da G. *Manifestações de junho de 2013 no Brasil e praças dos indignados no mundo*. 2. ed. Petrópolis: Vozes, 2014a.

_____. *Sociologia dos movimentos sociais*. 2. ed. São Paulo: Cortez, 2014b.

_____ (Orgs.). *Educação não formal no campo das artes*. São Paulo: Cortez, 2015a.

_____. Vozes que gritam e vozes silenciadas na América Latina. *Revista Civitas,* Porto Alegre, n. 15, v. 3, p. 491-509, jul./set. 2015b.

GOHN, M. da G. *Educação não formal e o educador social.* São Paulo: Cortez, 2010.

_____. *A força da periferia*: a luta por creches em São Paulo. Petrópolis: Vozes, 1985.

GRAGNANI, J. Após perder na política, a esquerda reage na cultura. *Folha de S.Paulo,* São Paulo, 20 fev. 2017, p. A12.

HARVEY, D. *Occupy. Movimentos de protestos que tomaram as ruas.* São Paulo: Boitempo, 2012.

HESSEL, S. *Indignai-vos!* 3. ed. Lisboa: Objectiva, 2011.

HOBSBAWM, E. *A Era dos extremos.* São Paulo: Companhia das Letras, 1995.

INGLEHART, R. The renaissance of political culture. *American Political Science Review*, v. 82, n. 4, p. 1.203-29, 1998.

JASPER, J. M. *Protesto:* uma introdução aos movimentos sociais. Rio de Janeiro: Zahar, 2016.

JIMÉNEZ, C. Vem pra Rua: o poder público está surdo para a voz das ruas. *El País*, 12 abr. 2015.

JINKINGS, I.; DORIA, K.; CLETO, M. (Orgs.). *Por que gritamos golpe? Para entender o impeachment e a crise política no Brasil.* São Paulo: Boitempo, 2016.

KLAUSEN, J. C. Austrian economic arguments in Brazil's recent culture of backlash: Ludwig von Mises among the brazilians. LASA CONFERENCE. Lima, 2017.

LE BON, G. *The crowd.* New York: Viking, 1985.

LOCATELLi, P. *#VemPraRua*. São Paulo: Companhia das Letras, 2013 (*e-book*).

MARTINS, J. S. Sujeito multidão. *Estado de S. Paulo*, São Paulo, 22 mar. 2015. Caderno Aliás, p. E3.

MICHILES, C. et al. *Cidadão constituinte*: a saga das emendas populares. Rio de Janeiro: Paz e Terra, 1989.

MICHELET, J. *O povo*. São Paulo: Martins Fontes, 1988.

MISCHE, A. De estudantes a cidadãos: rede de jovens e participação política. *Revista Brasileira de Educação*, n. 5 e 6, p. 134-50, 1997.

_____. *Partisan publics:* communication and contention across Brazilian youth activist networks. Princeton: Princeton University Press, 2008.

MELUCCI, A. *Challenging codes*. Cambridge: Cambridge University Press, 1996.

MOISÉS, J. A. *Os brasileiros e a democracia*. São Paulo: Ática, 1995.

MOORE JR., B. *Injustiça:* as bases sociais da obediência e da revolta. São Paulo: Brasiliense, 1987.

MORAIS, F. *Uma tarde com Julian Assange, o hacker que tirou o sono do governo americano*, 2017. Disponível em: <nocaute.blog.br>. Acesso em: 19 jan. 2017.

MORIN, E. *Cultura de massas no século XX:* Rio de Janeiro: Forense Universitária, 1997.

MOUFFE, C. Democracia, cidadania e a questão do pluralismo democrático. *Revista Política & Sociedade*, v. 1, n. 3, 2003.

NEGRI, A.; HARDT, M. *Multidão*. Rio de Janeiro: Record, 2005.

_____ *Declaração: Isto não é um manifesto.* São Paulo: Ed N-1, 2016.

ORTELLADO, P. *Estamos vencendo:* resistência global no Brasil. São Paulo: Conrad, 2015.

_____. Os protestos de junho entre o processo e o resultado. In: JUDENSNAIDER, Elena et al. *Vinte centavos*: a luta contra o aumento. São Paulo: Veneta, 2013.

PAES, B. T.; PIPANO, I. Escolas de luta: cenas da política e educação. *ETD — Educação Temática Digital*. Dossiê (des)ocupar é resistir? Campinas, v. 19, n. 1, p. 3-25, jan./mar. 2017.

PIOLLI, E.; PEREIRA, L.; MESKO A. de S. R. A proposta de reorganização escolar do governo paulista e o movimento estudantil secundarista. *Crítica Educativa*. Sorocaba, v. 2, n. 1, p. 21-35, jan./jun. 2016.

PUTNAM, R. *Comunidade e democracia*: a experiência da Itália moderna. Rio de Janeiro: FGV, 1996.

PROUDHON, P.-J. *Escritos*. Porto Alegre: L&PM, 1981.

QUIJANO, A. Colonialidade do poder, eurocentrismo e América Latina. In: LANDER, E. (Org.). *A colonialidade do saber:* eurocentrismo e ciências sociais. Perspectivas latino-americanas. Buenos Aires: Clacso, 2005.

RIBEIRO, A. C. T.; MACHADO, L. A. Paradigmas e movimento social: por onde vão nossas ideias. *Ciências Sociais Hoje,* São Paulo: Anpocs/Cortez, 1985.

REIS, M. Estudantes secundaristas se mobilizam pelo país por mudanças no ensino e nas escolas. *Informes — Abong,* n. 545, p. 1, 2 jun. 2016.

RENNÓ, L. Teoria da cultura política: vícios e virtudes. *BIB*, Rio de Janeiro, n. 45, p. 71-92, 1º sem. 1998.

ROMANELLI, O. *História da educação no Brasil — 1930-1973*. 10. ed. Petrópolis: Vozes, 1988.

SADER, Eder. *Quando novos personagens entraram em cena*. Rio de Janeiro: Paz e Terra, 1988.

SALDAÑA, P. Vice de Alckmin diz que demanda de jovens é legítima, mas critica ocupação. *Folha de S. Paulo*, São Paulo, 10 maio 2016. Educação.

SENNET, R. *Juntos:* os rituais, os prazeres e a política da cooperação. Rio de Janeiro: Record, 2012.

SEVERINO, A. J. (Org.) Nota de Repúdio ao Programa Escola Sem Partido. São Paulo: *GRUPEFE,* UNINOVE, 22 out. 2016. (Manusc.)

SINGER, A. Classes e ideologias cruzadas. Dossiê: Mobilizações, protestos e revoluções. *Novos Estudos Cebrap,* n. 97, p. 23-40, nov. 2013.

_____; LOUREIRO, I. (Orgs.). *As contradições do Lulismo:* a que ponto chegamos? São Paulo: Boitempo, 2016.

SILVA, A. O. *A participação de estudantes do ensino médio de escolas públicas da região de Caieiras/SP em movimentos sociais.* 2016. Tese (Doutorado) — Faculdade de Educação, Unicamp, Campinas.

SNOW, D.; BENFORD, R. Framing Processes and Social Movements: An Overview and Assessment. In: *Annual Review of Sociology,* v. 26, p. 611-639, 2000.

SOLANO, E.; MANSO, B. P.; NOVAES, W. *M@scAr@dos:* a verdadeira história dos adeptos da tática Black Blocs. São Paulo: Geração Editorial, 2014.

SOUZA, M.; ADAILTON, F.; LINCOLN JR. R. Briga, tiros e medo: 50% dos brasileiros dizem estudar em áreas violentas. *UOL Educação,* fev. 2017. Disponível em: <https://educacao.uol.com.br/noticias/2017/02/16/briga-tiros-e-medo-50-dos-brasileiros-dizem-estudar-em-areas-violentas.htm>. Acesso em: 16 fev. 2017.

TARROW, S. *Poder em movimento.* Petrópolis: Vozes, 2009.

TILLY, C. Movimentos sociais como política. *Revista Brasileira de Ciência Política,* Brasília, n. 3, p. 133-60, jan./jul. 2010.

TOKARNIA, M. Mais de mil escolas do país estão ocupadas em protesto; entenda o movimento. In: *EBC — Agência Brasil,* Brasília, 25 out. 2016.

TOKARNIA, M. *Justiça determina desocupação de escolas; prazo do MEC termina segunda-feira*. EBC — Agência Brasil, Brasília, 25 out. 2016.

TOURAINE, A. *Un nouveau paradigme*. Paris: Fayard, 2005.

VEIGA, J. E. da. A psique de coxinhas e petralhas. *Folha de S.Paulo*, São Paulo, 12 fev. 2017. Caderno Ilustríssima.

ŽIŽEK, S. *Violência*: seis reflexões laterais. São Paulo: Boitempo, 2014.

WEFFORT, F. *O populismo na política brasileira*. Rio de Janeiro: Paz e Terra, 1978.

## LEIA TAMBÉM

**CONSELHOS GESTORES E PARTICIPAÇÃO SOCIOPOLÍTICA**

Maria da Glória Gohn

*Coleção Questões da nossa época*
*Volume 32*

4ª edição - 5ª reimpressão (2016)
128 páginas
ISBN 978-85-249-1763-9

Esta obra analisa os conselhos como agentes de inovação nas políticas públicas porque, ao realizarem a mediação entre a sociedade civil organizada e os organismos governamentais, eles estão construindo uma nova esfera pública de poder e de controle social. Como tal, representam forças sociais organizadas e contribuem para o fortalecimento de novos sujeitos políticos. Nesta nova edição consta um Posfácio que atualiza o quadro do associativismo no Brasil, situando os conselhos neste novo cenário.

## LEIA TAMBÉM

## MOVIMENTOS SOCIAIS E EDUCAÇÃO

Maria da Glória Gohn

*Coleção Questões da nossa época*
*Volume 37*

8ª edição - 1ª reimpressão (2014)
128 páginas
ISBN 978-85-249-1879-7

Este livro compõe-se de seis ensaios sobre a relação movimentos sociais e educação a partir de dois focos: movimentos em geral (educação não formal); e movimentos específicos na área da educação escolar (educação formal). Destaca-se o caráter educativo das ações para os participantes, sociedade e entidades públicas a que se relacionam. Disso resulta a premissa básica de que os movimentos são fontes de inovação e matrizes geradoras de saberes e aprendizagens.

## LEIA TAMBÉM

## SOCIOLOGIA DOS MOVIMENTOS SOCIAIS

Maria da Glória Gohn

*Coleção Questões da nossa época*
*Volume 47*

2ª edição (2014)
128 páginas
ISBN 978-85-249-2179-7

A obra destaca dois tempos históricos distintos no campo da sociologia dos movimentos sociais: 2011/2012 e 1968. Primavera Árabe, Indignados na Europa e Occupy Wall Street são analisados inicialmente; as mobilizações no Brasil atual são tratadas na segunda parte; e na terceira, aborda-se o famoso Maio de 1968 na França. No posfácio desta nova edição, a autora aborda fenômenos sociais mais recentes, como as Manifestações de junho de 2013 e os "rolezinhos".

**GRÁFICA PAYM**
Tel. [11] 4392-3344
paym@graficapaym.com.br